Das Buch

Tag für Tag präsentieren uns Plakate und Fernsehspots Märchenprinzen und Supermamas, die uns zeigen, dass Glück grundsätzlich Geld kostet. Wir erliegen dem Irrglauben, dass wir am glücklichsten sind, wenn wir uns grenzenloser Kauflust hingeben, und unglücklich sein müssen, wenn wir uns nicht alles leisten können.
Machen Sie sich unabhängig vom Werbe- und Medienrummel! Entdecken Sie einen neuen Lebensstil: Lessness – Wohlfühlen durch Weniger!
Michael Simperl erklärt Ihnen, wie sie zwischen wahren und eingeflüsterten Wünschen unterscheiden lernen. Auf diese Weise können Sie vieles ganz gelassen erreichen, was Ihnen noch heute kompliziert erscheint.

»Lessness zeigt, wie Sie den Segen eines einfachen Lebens für sich entdecken!« *Frau im Spiegel*

Der Autor

Michael Simperl, geboren 1970, weiß als freier Werbetexter und Mitinhaber einer Beratungsagentur in München ganz genau, wie sehr Werbung und Medien von der Vorstellung leben, im Konsum allein liege unser Glück.

Michael Simperl

LESSNESS

Weniger ist mehr – genieße es

Ullstein

Besuchen Sie uns im Internet:
www.ullstein-taschenbuch.de

Umwelthinweis:
Dieses Buch wurde auf chlor- und säurefreiem Papier gedruckt.

Ungekürzte Ausgabe im Ullstein Taschenbuch
1. Auflage November 2006

Umschlaggestaltung: Büro Hamburg
Titelillustration: © Jakob Werth, München
Gesetzt aus der Minion
Satz: Pinkuin Satz und Datentechnik, Berlin
Druck und Bindearbeiten: Ebner & Spiegel, Ulm
Printed in Germany
ISBN-13: 978-3-548-36887-0
ISBN-10: 3-548-36887-5

Inhalt

Vorwort

Haben Sie keine Lust mehr auf das ewige Wettstreiten im Freundeskreis oder im Büro – wer hat das größere Auto, die modischeren Klamotten oder den attraktiveren Partner? Fragen Sie sich, warum Sie sich ständig neue Handys, Computer, Haushaltsgeräte oder Elektronikspielereien zulegen sollen, die immer komplizierter zu bedienen sind? Möchten Sie endlich wieder durch ein Einkaufszentrum oder einen Supermarkt gehen und dabei nur das kaufen, was Sie *wirklich* wollen? Oder auch mal gar nichts? Dann wird Sie dieses Buch und seine Botschaft interessieren.

Denn hier geht es darum, einmal bewusst *weniger* Dinge zu wollen und zu haben. Und zu entdecken, dass dies kein freudloser Verzicht oder gar ein Verlust ist, sondern dass Sie es genießen. Sie erkennen, dass das Leben schöner und erfüllter sein kann, wenn Sie das eine oder andere eben *nicht* besitzen. Oder wenn Sie es sich gar nicht erst wünschen. Weniger ist mehr – genießen Sie es! Egal ob Sie kaum über eine andere Möglichkeit verfügen – etwa aufgrund eines Einkommensrückgangs oder gar Jobverlusts – oder ob Sie sich ganz frei dafür entscheiden, vielleicht aus einem schon immer vorhandenen Bedürfnis heraus: Ich wünsche Ihnen viele positive Erfahrungen mit diesem Lebensstil. Wie er aussehen kann, dafür soll Ihnen dieses Buch einige Anregungen geben.

Michael Simperl

Was ist Lessness?

Am reichsten sind die Menschen,
die auf das meiste verzichten können.
Rabindranath Tagore

»Weniger ist mehr« – dieser Satz ist aktueller denn je. Gerade in den wohlhabenden Ländern haben viele Menschen heute um sich herum und in ihren Köpfen mehr Ballast angesammelt, als ihnen oft lieb ist: einerseits eine Fülle verschiedenster Gegenstände, andererseits Informationen, Idealvorstellungen und Verpflichtungen. Alles Besitz, der nicht selten eine gewisse innere Unruhe fördert und, gerade im materiellen Bereich, häufig nur wieder Wünsche nach weiteren Dingen weckt. Steht endlich der »Ich-hab's-geschafft«-Sechszylinder vor der Haustür, träumt man zwei Monate später schon vom Achtzylinder.

Das ist das Ergebnis des Wohlstandes, in dem die meisten Menschen der westlichen Welt heute leben. Eine nicht unbedeutende Rolle spielen dabei auch die vielen Einflüsterungen aus Medien und Werbung, die teils aufdringlich, teils ganz subtil immer wieder aufs Neue zum Konsum anregen: »Warum Sie jetzt ein Fotohandy haben müssen!« Dazu schreien sie uns die neuesten Meldungen von Ereignissen rund um den Erdball im Sekundentakt entgegen: »So brutal waren die Attentäter wirklich!« Und die gerade angesagten gesellschaftlichen Idealbilder werden unerbittlich propagiert – ob Metrosexueller mit Waschbrettbauch oder Powermama, die Kind, Karriere und Mann problemlos und lächelnd unter einen Hut bekommt. Sie brauchen nur einmal in einen Bahnhofskiosk zu gehen und dort die Wand an Zeitungen und Zeitschriften zu betrachten, die man Ihnen präsentiert. Wenn Sie all die Überschriften auf den

Titelseiten lesen, werden Sie staunen, welche Flut an Themen und Informationen allein die Printmedien Tag für Tag produzieren.

An Gegenständen besitzt der Durchschnittsmensch deshalb heute so viel wie nie zuvor. Jeder Bewohner eines Landes der so genannten »Dritten Welt« wird vermutlich auch Sie für unermesslich reich halten. Und ständig kommt Neues hinzu. Wozu eigentlich? Längst sind in den Industrieländern die Grundbedürfnisse – Essen, Trinken, ein Dach über dem Kopf, Kleidung etc. – befriedigt. Nicht wenige Menschen besitzen heute sogar zwei Autos, nutzen täglich die verschiedensten Geräte in Sachen Unterhaltungs- und Kommunikationselektronik, haben mehrere Zeitschriften abonniert, fahren pro Jahr gleich mehrfach in den Urlaub und switchen in ihrer Freizeit von einem Amüsement zum anderen.

Auch geistig sind wir in Beschlag genommen wie noch nie. Nachrichten von überall auf der Welt erreichen uns praktisch in Echtzeit, nonstop rund um die Uhr. Jeder Zeitungskiosk, jedes einzelne Lifestylemagazin bombardiert uns heute mit immer neuen Informationen, Ideen, Moden, Trends, Idealen und Lebensmodellen – die sich auch noch gerne gegenseitig widersprechen. Eine niemals da gewesene Freiheit ermöglicht Lebensentwürfe, die fast alles erlauben – Superdaddy, Manager, Sportskanone, Metropolenkenner, Technikcrack oder Millionär in sieben Jahren. Das kostet. Meist nicht nur Geld, sondern auch persönlichen Einsatz. Ob greifbarer Besitz oder die Vorstellungen, die uns beschäftigen – alles verbraucht Aufmerksamkeit, Lebensenergie und Zeit.

»Was habe ich aus meinem Leben gemacht?«

Stellen Sie sich nicht manchmal die Frage, ob es tatsächlich Sinn macht, sich für Anschaffungen und Erlebnisse beruflich, finanziell und auch mit Ihren geistigen Kapazitäten so sehr ins Zeug zu legen? So angenehm viele Dinge sein mögen – ein anständiges Auto, ein großes Haus oder regelmäßige Urlaubsreisen –, fragen Sie sich nicht auch, ob sie die Mühe wirklich immer wert sind? Oder was es für Ihr Leben bringt, über die vielen kleinen und großen Neuigkeiten, die sich rund um den Globus ereignen, jeden Tag informiert zu sein? Ob es sich lohnt, darüber hinaus auch noch Ihre Freizeit mit einer ganzen Latte von Aktivitäten aufzufüllen? Vielleicht spüren Sie ein gewisses Bedürfnis danach, einfach wieder mehr selbst Ihr Leben zu leben, statt von äußeren Faktoren »gelebt« zu werden. Oder Sie denken manchmal an den Tag, an dem sich jeder Mensch fragt: »Was habe ich aus meinem Leben eigentlich gemacht?«

Das Wort »Lessness« – und der neue Lebensstil

Lessness (von englisch »less« = weniger) steht für einen eigenen Lebensstil. Das Wort, so wie es hier gemeint ist, geht auf einen Begriff zurück, den der kanadische Autor Douglas Coupland Anfang der 1990er Jahre in seinem Roman *Generation X* verwendete. Für mich bedeutet Lessness vor allem Folgendes:

Lessness ist die bewusste Entscheidung,
einfach weniger zu wollen und weniger zu haben.
Und dieses Weniger zu genießen.

Anders gesagt: Weniger ist mehr – genießen Sie es! Unabhängig davon, ob Sie sich all die vielen Dinge und Wünsche Ihres täglichen Lebens nach wie vor leisten könnten. Oder ob Sie in Wahrheit vielleicht sogar gar keine andere Wahl haben, als mit weniger zufrieden zu sein, weil Sie zum Beispiel gerade mit weniger Geld auskommen müssen. Das ist Lessness.

Wo liegt der Genuss beim »Weniger ist mehr«?

Alle Welt trichtert uns den Genuss ein, der mit einem Mehr verbunden ist. Zum Beispiel, indem wir ein noch moderneres Auto fahren oder in einem noch exotischeren Ferienresort Urlaub machen. Von solchen Idealbildern geprägt, können wir uns heute kaum noch vorstellen, dass auch das Gegenteil einer solchen Lebensweise äußerst angenehm sein kann. Genießen, wenn etwas weniger wird? Oder gar nicht vorhanden ist? Sie werden staunen – es funktioniert! Je nachdem, welche Bereiche Ihres Lebens Sie auf *less* schalten, werden Sie einen oder mehrere der folgenden Vorteile genießen:

Sie haben wieder mehr Geld

Wenn Sie sich bewusst weniger Dinge leisten, haben Sie automatisch mehr Geld zur freien Verfügung. Damit können Sie sich dann zum Beispiel die Sachen kaufen, die Sie *wirklich* wollen. Oder Sie bringen Ihr Bankkonto wieder aus den Miesen heraus, falls es finanziell bei Ihnen gerade etwas enger aussehen sollte – und leben von nun an in Sachen Geld einfach unbeschwerter.

Sie haben wieder mehr Zeit

Wenn Sie sich weniger um materielle oder geistige Dinge kümmern müssen, haben Sie schlicht und einfach mehr Zeit – und die ist vermutlich auch in Ihrem Leben ein knappes Gut. Lessness wirkt hier gleich doppelt: Mehr freie Zeit entsteht nämlich nicht nur durch ein Wenigerhaben, sondern auch durch ein Wenigerwollen. Denn wer bewusst auch seine Wünsche verringert, muss weniger Zeit einsetzen, um sie zu verwirklichen – zum Beispiel weniger Arbeitszeit. Der nervenaufreibende 24-Stunden-Einsatz im Job dient ja möglicherweise nur dazu, jeden Monat die Leasingrate für das neue Edelcabrio aufzubringen.

Sie haben wieder mehr Platz

Jeder Besitz, der nicht mehr da ist – ob in Ihrer Wohnung oder in Ihrem Geist – nimmt auch keinen Platz mehr weg. Stattdessen genießen Sie wohltuenden Freiraum. Ordnung halten fällt leichter. Sie haben plötzlich wieder mehr Raum für alles, was Ihnen wirklich wichtig ist. Zum Beispiel Platz für ein Klavier, um endlich darauf spielen zu lernen.

Sie machen die Erfahrung, dass es auch mit weniger geht

Gerade in der heutigen Welt, die sehr von Waren und Besitz bestimmt ist, kann es für Sie eine befreiende Erfahrung sein, einmal zu erleben, dass Sie sich auch mit weniger davon gut fühlen. Haben Sie diese Erkenntnis erst einmal gewonnen, werden Sie schnell merken, wie wenig Hab und Gut Sie in Wahrheit brauchen. Sie investieren künftig nicht mehr unnötig viel körperliche und geistige Energie in Anschaffungen und Besitztümer. Diese Energie bleibt Ihnen für Wichtigeres erhalten. Und falls Sie wirklich einmal in einen finanziellen Engpass geraten sollten – und dann gar keine andere Wahl haben als genügsamer zu sein –, sind Sie wesentlich gewappneter: Sie wissen bereits, dass Sie auf viele Sachen problemlos verzichten können. Und auch mit einem Urlaub in einer einfachen Berghütte glücklich werden.

Was Sie sich bewusst leisten, genießen Sie umso mehr

Erst im Kontrast werden Erlebnisse intensiv. Wenn Sie nach dem Lessness-Prinzip auf Dinge verzichten, die Sie nicht wirklich wollen oder brauchen, können Sie all das, was Ihrer Persönlichkeit viel eher entspricht, umso intensiver genießen.

Sie spüren mehr geistige Klarheit

Lessness bewirkt, dass Ihre Gedanken im Laufe der Zeit geordneter und klarer werden. Einfach weil es weniger zu bedenken gibt. Diese größere Klarheit im Denken ist schon an und für sich sehr angenehm. Sie hilft Ihnen außerdem, leichter Antworten und Lösungen für die wirklich relevanten Fragen im Leben zu finden.

Sie sind innerlich ruhiger

Ein Leben *less* bewahrt Sie außerdem vor vielen Ärgernissen und Sorgen. Sie werden wesentlich gelassener. Denn einerseits haben Sie weniger, worum Sie sich kümmern müssen. Andererseits wollen Sie aber auch weniger und brauchen dadurch so manches gar nicht erst zu begehren und anzustreben.

Sie sind freier

Was Sie nicht haben, müssen Sie auch nicht bezahlen, unterhalten, pflegen, verteidigen oder suchen. Und es bindet Sie auch nicht mehr an einen Ort, eine Lebenssituation oder eine Geisteshaltung. Mit Lessness leben Sie einfach ein gutes Stück freier. Sie können leichter gehen, wohin Sie wollen. Zum Beispiel dorthin, wo ein großer Erkenntnisschub auf Sie wartet. Oder Ihre eigentliche Lebensaufgabe.

Ihr Wesen wird heiterer

Achten Sie einmal auf Menschen, die sich um viel Eigentum kümmern müssen – zum Beispiel um mehrere Wohnungen, die sie geerbt haben und die zu verwalten sind. Wie viele gelassene Frohnaturen sind darunter? Besitz erzeugt häufig immer wieder auf die eine oder andere Art Ärger, der die Laune ganz schön nach unten drücken kann. Was Sie hingegen gar nicht haben, kann Sie auch nicht ärgern. Allein die damit verbundene Leichtigkeit wird Sie auf Dauer innerlich heiterer und gelassener stimmen.

Ihre Beziehungen verbessern sich

Wie viele Paare streiten sich ums Geld? Wie oft werden Freundschaften belastet, weil der Besitz des einen den anderen auf Dauer neidisch macht? Ein Leben *less* macht Ihr Verhältnis zu den anderen vielleicht nicht perfekt. Es lässt aber aus zahlreichen Störfaktoren ein wenig die Luft heraus. Und es macht gerade in der Partnerschaft Platz für die eigentlichen Inhalte einer Beziehung: zum Beispiel gegenseitige Wertschätzung, das Teilen von Idealen und Vorstellungen oder der Wunsch, gemeinsam geistig zu wachsen.

Sie können sich leichter weiterentwickeln

Wie viele Menschen kommen gar nicht mehr dazu, sich zu fragen, wer sie eigentlich sind? Und was sie von ihrem Leben erwarten? Eingesponnen in zahlreiche Aktivitäten und Verpflichtungen, die viel Besitz meist mit sich bringt, bleibt keine Zeit mehr, sich die wesentlichen Fragen im Leben hin und wieder einmal zu stellen. Lessness gibt Ihnen die nötige Zeit und die innere Ruhe, damit Sie zum Beispiel geistig weiter wachsen, an Reife und Weisheit gewinnen oder Ihr Potenzial besser ausschöpfen können.

Lessness hebt Ihre innere Zufriedenheitstemperatur an

Auf Dauer kann Lessness sogar Ihr persönliches Glücksniveau, Ihre individuelle »Zufriedenheitstemperatur«, ein gutes Stückchen anheben. Denn Lessness kann für Sie endlich der Anlass sein, sich vieler ungesunder Gedanken und Verhaltensweisen bewusst zu werden – und sich dann davon freizumachen. Zum Beispiel dem »Ich könnte etwas versäumen«, dem »Wettrüsten« oder dem »Hätte ich nur X, dann wäre ich glücklicher«. Stattdessen entscheiden Sie sich mit Lessness für eine Einstellung, die Ihr Leben langsam, aber sicher in einem ganz anderen Licht erscheinen lässt: Sie verinnerlichen nicht nur den Gedanken, auch einmal mit weniger statt mehr zufrieden sein zu können, sondern Sie *genießen* dieses Weniger sogar noch! Können Sie sich vorstellen, was eine solche innere Haltung auf Dauer für Ihr Zufriedenheitsgefühl bedeutet?

Warum Lessness gut für Sie ist

Ganz bewusst weniger zu wollen ist eine Entscheidung, die in jeder Lebenssituation Sinn macht. Ganz besonders gilt das aber, falls Sie momentan mit Ihrem Geld nicht so recht über die Runden kommen sollten. Weil Sie zum Beispiel arbeitslos sind oder das Einkommen für Ihre Ausgaben einfach nicht reicht. Denn dann hilft gelebte Lessness, Ihre Mittel und Ihre Wünsche wieder besser in Einklang miteinander zu bringen. Wenn Ihr Geld weniger wird, müssen auch Ihre Wünsche weniger werden, damit wieder Gleichgewicht herrscht. Das Besondere an Lessness: Sie entscheiden sich eigenständig und aus freiem Willen, weniger zu wollen. Auch wenn Sie in Wahrheit sowieso nicht anders können – egal. Was zählt, ist dieser eine Schalter, den Sie in Ihrem Geist von »Ich *muss* sparen« auf »Ich *will* weniger« umstellen. Damit ändert sich die gesamte Betrachtungsweise auf die Situation, in der Sie zur Zeit nun mal nicht so viel Geld haben.

Qualität statt Quantität

Natürlich ist dieses Buch kein Aufruf zum absoluten Verzicht auf Konsum und Besitz. Niemand will Sie zur Askese überreden, denn dann wäre ja der Verzicht das Ziel und nicht einfach ein Mittel, um sich wieder auf die wahren eigenen Wünsche zu besinnen. Ganz im Gegenteil: Lessness zu leben schließt nicht aus, dass Sie sich bei einigen Dingen nur das Allerfeinste leisten. Die Lessness-Devise lautet »Weniger ist mehr« und keineswegs »Nichts ist mehr«.

Es kann schließlich auch sehr angenehm sein, das eine oder andere in seinem Besitz zu haben: zum Beispiel Gegenstände, die selbst über eine lange Zeit immer wieder positiv auf Sie wirken – etwa wegen ihrer Zeitlosigkeit, wegen einer ordentlichen Qualität, weil sie sich in der Hand gut anfühlen oder weil sie über eine Optik verfügen, die man sich auch noch Jahre später gerne ansieht. Dinge, die unaufdringlich sind, nicht protzen wollen und die man garantiert nicht deshalb wegwerfen muss, weil sie kurz nach Ablauf der Garantiefrist kaputtgehen oder Design-Mätzchen aufweisen, an denen man sich im Nu satt sieht.

Geistiges Gut kann ebenfalls Freude bringen. Zum Beispiel Ihre Allgemeinbildung: Sie hilft Ihnen, leichter Ihre Position zu bestimmen – geschichtlich, geografisch, philosophisch. Je mehr Sie sich damit beschäftigen, desto besser verstehen Sie, was täglich um Sie herum geschieht. Schön ist es außerdem, ein Instrument spielen zu können. Zum Beispiel Klavier: Es bringt Sie mit Gott und der Welt zusammen, wann und wo immer Sie gerade in die Tasten greifen. Auch eine oder mehrere Fremdsprachen sprechen zu können, ist immer ein lohnender geistiger Besitz. Jede zusätzliche Sprache, die Sie beherrschen, macht Ihr Denken automatisch weltläufiger – ganz abgesehen davon, dass Sprachen auch im Beruf mehr und mehr zum Erfolgskriterium werden. Genauso wenig ist es umsonst, sich einmal mit den großen Weisheitstraditionen der Menschheit zu beschäftigen.

Mit aktuellen Bewegungen wie »Geiz ist geil«, der Schnäppchenjägerei oder den Smart Shoppern hat Lessness hingegen nichts zu tun. Für den Lessnesser geht es nicht darum, weiterhin möglichst genauso viel wie bisher zu kaufen, nur einfach alles viel billiger. Ein Leben *less* bedeutet ebenso wenig Sparsamkeit oder Knauserei, sondern es ist einfach die bewusste Entscheidung, weniger zu wollen und weniger zu haben. Und genau *das* zu genießen – vor allem die damit verbundenen positiven Seelenzustände.

Lessness gibt Ihnen gerade deshalb ein angenehmes Lebensgefühl, weil Sie unabhängiger und verantwortungsvoller mit Ihren Kaufentscheidungen umgehen. Aber das heißt nicht, dass Sie sich materiellem oder geistigem Besitz total verweigern oder nicht mehr darüber nachdenken, was Sie in Zukunft brauchen könnten. Wenn Sie sich für ein Leben *less* entschieden haben, werden Sie sich auch weiterhin viele Produkte, Dienstleistungen und Unterhaltungsangebote gönnen und auch Verpflichtungen im Leben eingehen und erfüllen, wenn diese sich lohnen und wenn Ihnen danach ist. Wir alle, Sie, ich, wollen ja weiterhin essen, trinken, uns unterhalten, ein wenig in der Welt herumkommen, etwas Interessantes erleben und unser Leben teilen und weitergeben.

Aber wir reduzieren den Konsum auf das, was uns wirklich am Herzen liegt. Auf die Produkte, Informationen und Aktivitäten, nach denen wir ein echtes Bedürfnis haben. Gerade in Bezug auf die Gegenstände, die uns umgeben, ist dies übrigens eine sehr fortschrittliche Art des Konsums. Denn Impulskäufe und Anschaffungen, die durch Druck von außen zustande kommen – etwa durch Produkt-PR, getarnt als Journalismus – werden weniger. Und dadurch entfällt immer häufiger auch die innere Unzufriedenheit, die gerade bei dieser Art von Käufen nach einiger Zeit auftritt. Umso mehr genießen Sie die Zufriedenheit mit den Dingen, die Sie sich aus einem echten inneren Anliegen heraus gegönnt haben.

Auch ein Beitrag für die Umwelt

Mit Lessness tun Sie ganz nebenbei auch etwas für die Umwelt. Denn wer den Konsum von Produkten und Dienstleistungen reduziert, verbraucht fast immer auch weniger Energie. Der Tagesausflug per Fahrrad statt Auto reduziert Ihre Emissionen nun einmal auf null. Stopfen Sie Ihr Heim bewusst nicht mehr mit allen möglichen High-Tech- und Elektrogeräten voll, erspart das Ihnen und der Umwelt automatisch auch den damit verbundenen Verpackungsmüll, Stromverbrauch – und die Entsorgung der Geräte, wenn sie irgendwann einmal kaputtgehen oder sich als doch nicht so notwendig erweisen. Auch so manche Schnäppchenjagd – per Auto und quer durch die Stadt von einem Shoppingcenter zum anderen – fällt öfter aus, hat man sich einmal angewöhnt, kleine und große Konsumwünsche bewusst aus der Lessness-Perspektive zu betrachten. Anders gesagt: Der kleine Beitrag für die Umwelt kommt ganz von selbst mit einem Leben *less*. Vielleicht motiviert er Sie zusätzlich, die Lessness-Idee zu Ihrer eigenen zu machen.

Mehr Zeit für einfache und schöne Erlebnisse

Aber was kann an die Stelle all der Sachen, Verpflichtungen und Sorgen treten, die Sie bisher so beschäftigt haben? Das ist das Tolle an Lessness: Es schärft den Blick für schöne Dinge, die schlicht und einfach umsonst sind. Und es gibt Ihnen wieder mehr Zeit dafür.

Für mich ist es zum Beispiel oft ein Hochgenuss, an einem ruhigen Sonntag auf stillen Seitenstraßen einfach durch die Stadt zu wandern. Oder draußen auf dem Land über die Feldwege zu gehen, dramatische Wolkenschauspiele zu beobachten, die verschiedenen Gerüche von Wäldern und Wiesen wahrzunehmen, stundenlang auf dem Rad der Sonne entgegenzufahren … Gibt's alles umsonst.

Auch mit Freunden zusammen zu sein, ist eine solche Quelle des Glücks: ein tiefgründiges Gespräch, gemeinsam über verrückte Einfälle sinnieren, lachen, genüsslich eine Flasche Rotwein leeren. Oder vielleicht nutzen Sie die Gelegenheit, einmal wieder ein gutes Buch in die Hand zu nehmen: zum Beispiel eine Sammlung weiser Texte, die immer wieder neu zum Nachdenken anregen. Und natürlich gibt Ihnen Lessness auch mehr Zeit für Sie selbst. Um wieder mehr das eigene Leben zu leben, etwas daraus zu machen. Oder um einfach ausgiebiger darüber nachzudenken, wer man ist, woher man kommt und wohin man wirklich gehen will.

Eigentlich ist das selbstverständlich. Und trotzdem sind die meisten Menschen viel zu sehr eingesponnen in ein ewiges Sich-um-Dinge-Kümmern, um auf diese einfachen Alternativen überhaupt zu kommen, sie wirklich erleben und genießen zu können.

Überhaupt fällt es schwer, im Hier und Jetzt zu leben und ausschließlich den Moment wahrzunehmen, der *jetzt* gerade ist, wenn sich der Verstand immer wieder mit Besitz und Wünschen beschäftigt. Selbst im idyllischen Schlosspark oder auf einem Berggipfel mit überwältigender Aussicht brauchen Sie nur die Ohren zu spitzen, um zu erleben, dass der Großteil der Menschen in Gedanken ganz woanders ist: was das neue Auto kostet, wie toll das Handy gerade funktioniert, welchen Stress man sich im Job angetan hat, der Ärger mit den Mietern …

Ein Leben *less* gibt Ihnen die Gelegenheit, viele kostenlose Quellen von Glück, Wohlbefinden und Zufriedenheit wieder zu entdecken und mehr Zeit dafür zu haben. Das ist eine der wertvollen Erfahrungen, die dieser Lebensstil für Sie birgt.

Ihr Weg ins unbeschwerte Glück

Sie fragen sich, ob Lessness schwierig ist? Mir fällt hier immer folgendes Beispiel ein: Wasser ist schwach. Und trotzdem kann es auf Dauer ganze Berge versetzen. Sie brauchen sich nur im Gebirge eine Schlucht anzusehen, die ein kleiner Fluss im Laufe der Jahrmillionen Hunderte von Metern tief in den Fels eingegraben hat. Das Gleiche gilt für unsere Gewohnheiten.

Sie werden sich mit Lessness einige neue Sichtweisen und Verhaltensweisen angewöhnen – je nachdem, welche Anregungen Sie aus diesem Buch übernehmen. Zum Beispiel fahren Sie öfter mit der Straßenbahn, statt das gewohnte Auto zu nehmen. Im Restaurant teilen Sie sich auch einmal ein Hauptgericht mit Ihrer Begleitung. Morgens stellen Sie nicht mehr automatisch die Nachrichten im Radio an. Ihren nächsten Urlaub verbringen Sie vielleicht in einem stillen »Sommerfrische«-Ort um die Ecke und nicht auf einer Promi-Insel. Statt drei Kreditkarten mit sich herumzutragen, gehen Sie mit einer einzigen durchs Leben. An Ihren Partner stellen Sie bewusst weniger Ansprüche. Sie pflegen so manche neue Gewohnheit, die Ihnen jetzt möglicherweise noch »ärmlich« vorkommen mag – von der Sie also denken, sie befinde sich unterhalb des von Ihnen gewohnten Wohlstands- und Anspruchsniveaus.

Gut möglich, dass Sie, etwa nach der ersten Woche ohne Auto, sagen werden: »O Gott, daran gewöhne ich mich doch nie« – weil Sie zum Beispiel ein paarmal im Bus eingequetscht waren oder feststellen mussten, dass Sie es nach einer kleinen Besorgungstour mit dem Fahrrad tags darauf keine zehn Minuten mehr auf dem Sattel aushielten. Deshalb bitte ich Sie, einmal über das Thema Gewohnheiten nachzudenken. Letztlich ist fast alles, was wir tun, nichts anderes als die Summe von vielen kleinen, aneinander gereihten Gewohnheiten. Vom morgendlichen Kaffeetrinken und Zeitunglesen bis zum Griff zur Fernbedienung, wenn wir abends nach Hause kommen. Das Schöne ist: Wir können uns fast alle diese eingeübten Verhaltensweisen auch ganz einfach wieder abgewöhnen. Vieles werden Sie nach einiger Zeit gar nicht mehr vermissen!

Wann immer Sie also der Mut verlassen sollte beim Versuch, einen Lessness-Tipp in Ihr Leben zu integrieren: Geben Sie sich die nötige Zeit, bis es einfach zur Gewohnheit wird. Viele neue Handlungen und Sichtweisen, die Sie sich eine Zeit lang mit voller Absicht zurechtlegen, können Ihnen schon nach zwei Wochen so vertraut sein wie das Zähneputzen.

Und wenn Sie sich eine der vielen Lessness-Strategien erst einmal angeeignet haben, dann nimmt Ihnen die Gewohnheit viel Arbeit ab: Daran denken zu müssen. Die richtigen Handgriffe zu finden. Den Nutzen daran zu erkennen. Eine Situation aus einem für Sie besseren Standpunkt heraus zu betrachten. Irgendwann geht vieles von ganz allein – da ist sie, die berühmte Macht der Gewohnheit! Deshalb ist Lessness so einfach. Es ist nichts anderes, als sich einige neue Handlungs- und vor allem Betrachtungsweisen anzugewöhnen, die Ihren Lebensstil in ihrer Gesamtheit ganz entscheidend positiv beeinflussen.

Noch ein wichtiger Vorteil von Lessness: Sie müssen hier nichts wirklich Neues lernen. Sie brauchen auch keine Psycho-Formeln zu pauken (so etwas wie »ISAWINW« – könnte zum Beispiel heißen »Ich schaffe alles, wenn ich nur will«). Die Grundidee von Lessness ist vermutlich so alt wie die Menschheit selbst, und sie ist so einfach, dass sie jeder Mensch sofort verstehen kann. Das macht es Ihnen umso leichter, Lessness langsam, aber sicher in Ihr eigenes Leben einzubauen.

Warum es gut ist, wenn Sie schon viele »Must-haves« erlebt haben

Haben Sie einige Dinge die »man« haben muss, bereits einmal besessen? Unternehmungen ausprobiert, nach denen Sie einen großen Hunger verspürten? Schon öfter hinter die Kulissen geblickt und erkannt, was wirklich an einer Sache dran ist, für die man Ihnen den Mund wässrig gemacht hatte? Gut für Sie! Umso leichter können Sie ein Leben *less* beginnen. Denn von diesen Dingen können Sie bereits frei sein. Frei in dem Sinn, dass Sie nicht mehr die Phantasien und Wünsche eines Noch-nicht-Eingeweihten darauf verschwenden müssen.

Sie können sich nicht mehr von Freunden, der Werbung oder den Medien darauf heiß machen lassen, ohne deren Lockungen mit Ihrer persönlichen Erfahrung vergleichen zu können – bei der

Sie vielleicht festgestellt haben, dass Sie zwar viel Geld losgeworden sind, aber die Sache so toll nun auch nicht war. Sie haben schon einmal ein Cabrio besessen, damit auch so manche schöne Tour genossen – und nun ist es auch in Ordnung, wenn Sie keins mehr fahren. Vielleicht gönnen Sie sich in ein paar Jahren wieder eins, vielleicht auch nicht. Innerlich sind Sie jedenfalls nicht mehr so heiß darauf, dass gleich jeder zweite Gedanke davon bestimmt ist. Sie können jetzt viel rationaler entscheiden, ob Sie sich die Sache wirklich noch einmal leisten wollen. Oder gelassen darauf verzichten, weil Ihnen das Ganze vielleicht doch nicht so viel Spaß bringt, als dass es sich lohnen würde, das viele Geld dafür auszugeben.

Für die meisten Menschen ist es deshalb einfacher, ein Leben *less* zu führen, wenn sie bereits ein gewisses Lebensalter erreicht haben und einigen heißen Wünschen schon auf den Grund gegangen sind. Falls Ihnen hingegen noch viele unerfüllte Wünsche durch den Kopf spuken: Vielleicht realisieren Sie nach Möglichkeit zuerst den einen oder anderen, bevor Sie mit Lessness starten. Wenn Sie seit Jahren von einem Shoppingwochenende in New York träumen – tun Sie's. Danach können Sie endlich sagen »Ich habe es gehabt« und sind frei von den nagenden Gedanken, wie es wohl wäre, dort durch die Geschäfte zu ziehen. Umso entspannter können Sie dann beginnen, Ihr Leben Stück für Stück auf *less* zu stellen.

Suchen Sie sich ein Lessness-Vorbild

Nur der Anlass von Lessness – der große Overload an Produktneuheiten und Informationen – ist einmalig. Die Idee selbst ist es nicht. Vielleicht kennen Sie bereits einige Menschen, die den Lessness-Gedanken leben; sie würden ihren Lebensstil vielleicht nur nicht so nennen oder sehen ihn als nichts Besonderes, weil sie den Überfluss der modernen Gesellschaft gar nicht kennen oder nie an sich herangelassen haben.

Suchen Sie sich aus diesem Kreis Ihr persönliches Vorbild für ein Leben *less*. Dieses Vorbild soll Ihnen vor allem in der Anfangszeit helfen, diesen Lebensstil leichter in die Tat umzusetzen. Möglicherweise ist es Ihre verstorbene Großmutter, die weder auf der materiellen noch auf der geistigen Ebene unnötige Lasten mit sich herumschleppte, ein einfaches Leben führte und trotzdem oder eben gerade deshalb mit sich und der Welt zufrieden war. Oder Sie suchen sich einen bestimmten Ort aus, der für Sie Lessness pur ausstrahlt, und an den Sie hin und wieder denken. Etwa das kleine Dörfchen irgendwo am Mittelmeer, das Sie einmal besucht haben. Erinnern Sie sich daran, wie Sie dort abends mit Freunden bei Wein, Brot und Oliven vor einer kleinen Taverne saßen, heiter miteinander plauderten, hin und wieder auf das Meer hinausblickten – und einfach nichts vermissten.

Lernen Sie sich selbst besser kennen

Kennen Sie Ihre eigenen Werte? Wissen Sie, was Ihnen wirklich wichtig ist? Und was Sie langfristig glücklich macht? Selbsterkenntnis ist nicht nur allgemein ein Schlüssel für ein autonomeres und erfüllteres Leben, sie hilft Ihnen gerade auch bei einem Leben *less*. Je mehr Sie Ihre eigenen Bedürfnisse kennen, umso schwerer haben es nämlich die vielen Einflüsterer um Sie herum, die Ihnen nun einmal hauptsächlich materielle Bedürfnisse ans Herz legen.

Nehmen Sie sich einmal die Zeit, Ihre Werte herauszufinden. Zum Beispiel mit Hilfe eines Fachbuchs. Selbst wenn es vielleicht einige Tagen oder Wochen dauert, bis Sie ein klares Bild gewinnen. Sie werden staunen, wie viele Ihrer persönlichen Werte, betrachtet mit gesundem Menschenverstand, auf materiellem Weg (durch Geld, Besitz, Status etc.) nicht zu erfüllen sind oder sich durch Reichtum sogar sehr viel schwerer erreichen lassen. Manche Wünsche, die Ihnen bisher so dringlich erschienen, können sich auf diese Weise schon von ganz allein erledigen.

Wenn Sie zum Beispiel herausfinden, dass Ihnen im Freundeskreis oder mit den Kollegen ein friedliches Miteinander besonders wichtig ist, stellen Sie vielleicht fest, dass Ihnen das übliche gegenseitige Wetteifern mit immer noch teureren Autos, Klamotten oder Urlaubsreisen dabei im Weg steht – und dass Sie in dieser Angelegenheit bisher eher einem allgemeinen Geschmack statt Ihren eigenen Vorstellungen gefolgt sind. Nehmen Sie sich hin und wieder Zeit, Ihre wahren Bedürfnisse kennen zu lernen. Und genießen Sie, wie auch dadurch Ihr Leben wieder ein gutes Stückchen einfacher und erfüllter wird.

Weihen Sie Ihren Lebenspartner ein

Falls Sie in einer Partnerschaft oder Ehe leben, spielt auch Ihr Partner eine gewisse Rolle. Denn mit einem Leben *less* ist es wie mit vielen anderen Vorsätzen und Vorhaben (Vegetarier werden, das Rauchen aufhören, Sport treiben): Wenn der oder die andere zumindest gedanklich mitzieht, fällt einem die Umstellung wesentlich leichter. Wollen Sie also ausprobieren, was es mit einem Leben *less* auf sich hat, sollten Sie Ihrem Partner dieses Buch zu lesen geben. Vielleicht kann er oder sie sich danach sogar selbst mit dieser Idee identifizieren.

Ein Gewinn kann es aber auch schon sein, wenn Sie feststellen, dass Sie beide mit der Lessness-Idee und den Gedanken und Erfahrungen damit plötzlich so manche Unterhaltung miteinander führen, die angenehm anders ist. Auch allgemein werden Sie im Umgang mit Menschen feststellen, welch unerwartete Gespräche sich mit Lessness ergeben können, wenn das Thema nebenbei einmal zur Sprache kommt: Wie viel mehr sich Ihr Gegenüber zum Beispiel öffnet, denn viele Menschen sehnen sich in ihrem Inneren nach mehr Einfachheit, trauen sich aber von sich aus oft nicht, dieses Thema anzusprechen.

Geben Sie sich Zeit

Mit Lessness ist es wie mit dem Gewichtabnehmen: Die 10-Kilo-in-10-Tagen-Diät gibt es nicht. Geben Sie sich genügend Zeit, um Ihr Leben überall dort, wo Sie es möchten, auf *less* umzustellen. Einige alte Gewohnheiten und Bedürfnisse sitzen vielleicht tiefer, als Sie vermuten. Schließlich hatten diese oft Jahre oder sogar Jahrzehnte Zeit, sich in Ihrem Leben einzunisten. Nicht gerade leichter wird die Sache auch, wenn alle anderen um Sie herum weiterhin fröhlich shoppen oder Sie mit großen Autos oder edlen Klamotten bewusst oder unbewusst herausfordern. Prüfen Sie also nicht gleich jeden Tag, um wie viel Sie sich vielleicht schon freier oder besser fühlen. Erwarten Sie nicht, dass alle Lessness-Tipps bei Ihnen sofort und perfekt funktionieren. Lassen Sie die Zeit für sich arbeiten – und spüren Sie, wie der Lessness-Gedanke Ihr Leben langsam, aber sicher positiv verändert.

Nutzen Sie die Macht der Kleinigkeiten

Veränderungen, die Ihnen auf den ersten Blick wie Kleinigkeiten erscheinen, wirken auf Dauer Wunder. Ob Sie sich dem Nachrichtengewitter im Fernsehen heute Abend aussetzen oder nicht, hat keinen Einfluss auf Ihre Lebensqualität. Wenn Sie jetzt jedoch die bewusste Entscheidung treffen, sich über die wichtigsten Ereignisse künftig nur noch aus stillen Medien wie einer guten Tageszeitung zu informieren, ersparen Sie sich, je nachdem wie alt Sie sind, für den Rest Ihres Lebens locker an die 10 000-mal und mehr den Anblick blutiger Bilder, Katastrophen und Kriegsgemetzel.

Noch ein Beispiel: Angenommen, Sie sind 40 Jahre alt. Dann werden Sie bei normaler Lebenserwartung noch mindestens 40 000 Mahlzeiten zu sich nehmen, wenn Sie täglich frühstücken sowie zu Mittag und zu Abend essen. Weiterhin angenommen, dass Sie sich bis zum letzten Tag selbst versorgen, haben Sie es also immer noch rund 40 000-mal in der Hand, wie Sie mit Ihrer Ernährung Ihren Körper, Ihre Gesundheit und Ihr Wohlbefinden beeinflussen.

Wenn Sie bis 65 arbeiten, können Sie sich in dieser Zeit auch noch rund 6 000-mal über den Stau aufregen, in dem Sie jeden Morgen mit Ihrem Auto auf dem Weg ins Büro stecken. Aber Sie können sich diese gewaltige Summe an Ärger auch ersparen, indem Sie ab morgen per Bahn oder mit dem Fahrrad zur Arbeit fahren. Oder sich vielleicht ein Heimbüro einrichten.

Was Ihnen diese Beispiele verdeutlichen sollen: Je häufiger ein bestimmter Vorgang in Ihrem Leben auftaucht, umso gravierender sind die Auswirkungen, sobald Sie etwas daran ändern. Sogar bei den einfachsten Handlungen Ihres Alltags. Beurteilen Sie deshalb bei den Vorschlägen für ein Leben *less* nicht nur, wie Sie sich fühlen, wenn Sie die Sache ein Mal getan haben, sondern betrachten Sie die Wirkung immer im Zusammenhang damit, wie oft die entsprechende Situation in Ihrem Leben vermutlich noch auftreten wird.

Auf diese Weise gewinnen Sie schnell einen Eindruck, welchen mächtigen Einfluss selbst einfache Tätigkeiten und Gewohnheiten auf Ihr Leben haben können, wenn sie nur oft genug vorkommen. Und warum Ideen, die vielleicht anfangs nicht nach großen Veränderungen klingen, im Laufe der Zeit trotzdem Ihr Wohlbefinden spürbar steigern können.

Lernen Sie, auch einmal gegen den Trend zu schwimmen

Ein Leben *less* bedeutet auch, dass Sie manchmal Dinge *nicht* tun, die »man« halt so macht. Einfach weil Sie konsequenter prüfen, ob sie Ihnen selbst wirklich gefallen. Gerade wenn Sie bisher im Leben vielen großen Trends gefolgt sind – wer tut das nicht hin und wieder? –, kann es zuerst einmal etwas ungewöhnlich erscheinen, wenn Sie den Lessness-Gedanken in Ihrem Leben umsetzen.

Am besten wundern Sie sich einfach gar nicht über fragende Blicke Ihrer Freunde oder Arbeitskollegen, wenn Sie von einer Party schon vor Mitternacht gehen, in der abendlichen Männerrunde als einziger Weinschorle statt literweise Bier trinken oder Gäste in Ihrem Bad nicht die angesagte Pflichtarie an Pflege- und Stylingmitteln vorfinden, sondern einige ausgewählte Bio-Produkte.

Freuen Sie sich lieber, wie viel mehr Sie an Profil gewinnen und wie man Sie häufiger bemerkt und respektiert, wenn Sie wieder stärker Ihre eigene Handschrift an den Tag legen.

Geben Sie jetzt alles ab, was Sie nicht mehr brauchen

Mit dem Start in ein Leben *less* kommt auch der Zeitpunkt zum Ausmisten. Alles, wovon Sie jetzt schon wissen, dass es Ihnen nicht mehr zusagt, nur Platz, Geld und Nerven kostet oder auch einfach nicht mehr verwendet wird, kommt weg. Gehen Sie Ihre Besitztümer einmal ganz ehrlich nach diesen Kriterien durch.

Keine Bange, falls Ihnen die Sachen zum Wegwerfen zu schade sind. Heute gibt es ja eine tolle Alternative zu Mülleimer und Flohmarkt, wenn man sich von Sachen trennen will: das Online-Auktionshaus eBay! Hier können Sie mit all den Dingen, die Sie nicht mehr brauchen, manchmal sogar noch eine Menge Geld machen. Natürlich verdienen Sie auch auf Flohmärkten, aber gerade bei begehrten Markenprodukten erzielen Sie im Internet meist wesentlich bessere Preise.

Alles, was Sie für Ihre Versteigerung brauchen, ist ein Computer mit Internetzugang, eine Digitalkamera (ein einfaches Modell tut's locker) und ein gewisser Vorrat an alten Kartons und Verpackungsmaterial. Probieren Sie es aus: Sie werden überrascht sein, wie viel Euro anderen Menschen manche Sachen, die Sie selbst vielleicht gar nicht mehr großartig registriert haben, noch wert sind!

Falls Sie noch keine Erfahrungen mit Internetauktionen haben sollten: Es ist viel einfacher, als es auf den ersten Blick aussieht – schließlich muss es ja auch einfach sein, damit möglichst viele Leute mitmachen und auch die Betreiberfirma etwas davon hat. Das Prozedere wird auf der eBay-Website schon sehr gut erklärt. Ansonsten finden Sie auch in Ihrem Familien-, Freundes- und Bekanntenkreis bestimmt jemanden, der Ihnen das Ganze erklärt. Kleiner Tipp: Als Privatverkäufer sollten Sie das neue zweijährige Gewährleistungsrecht für verkaufte Waren in jeder Auktion ausschließen.

Über das Internet alte Sachen zu versteigern ist übrigens nicht nur einfach, sondern macht auch richtig Spaß! Je nachdem, wie gefragt die Waren sind, die Sie anbieten, können schon mit den ersten Stücken schnell mal ein-, zweihundert Euro oder mehr zusammenkommen. Dieses Geld ist Ihre erste Belohnung dafür, dass Sie den Start in ein Leben *less* gewagt haben!

Kennen Sie Ihre Konsumverführer?

Gehe du deinen Weg und lass die Leute reden.
Nach Dante Alighieri, *Göttliche Komödie*

Was wünschen Sie sich wirklich, und wovon glauben Sie nur, dass Sie es brauchen? Um für Lessness in jeder Hinsicht fit zu sein, sollten Sie sich unbedingt bewusst machen, wer unsere Konsumverführer eigentlich sind. Welche Mechanismen, Angewohnheiten und Ideale spielen eine Rolle? Wie wirken Mitmenschen, Medien und Werbung auf uns ein? Und welchen Anteil haben wir selbst am allgemeinen Credo »bigger is better«? Je eher Sie offene oder subtile Verführungen erkennen, desto gelassener können Sie Ihnen aus dem Weg gehen.

Eingefahrene Ansichten und Rituale

Sicher erleben auch Sie in Ihrem Freundes- und Familienkreis oder am Arbeitsplatz immer wieder regelrechte Wettrennen: wer das schnellere Auto oder das kleinere Handy hat, oder wer beim Kauf des neuen Fernsehers die meisten Prozente raushandeln konnte. Wer noch genauer über das Tagesgeschehen und den aktuellen Klatsch in Sachen Hollywood-Promis oder Star-Sportler informiert ist. Wer noch mehr verschiedene Lebensmodelle scheinbar mühelos und mit einem Lächeln erfolgreich unter einen Hut bringt. Wessen Sohn und Tochter eher schon lesen, schreiben, rechnen, Webseiten programmieren kann, den Doktortitel macht und so weiter. Das Verrückte: Manche dieser Rennen können sich schier ewig fortsetzen. Immer, wenn der eine nachzieht, setzt der andere noch eins drauf. In der

Frage, welches Kind sich am besten entwickelt, konkurrieren einige Mütter schon ab dem Windelalter der Kleinen – und selbst dann noch, wenn die Töchter oder Söhne der Kontrahentinnen längst im Berufsleben stehen.

Höher-schneller-weiter-Rennen? Nicht mehr mit Ihnen!

Wenn Sie ein Leben *less* anstreben: Überlegen Sie einmal, ob auch Sie bei manchen dieser Rennen hin und wieder mitmachen. Nicht alle drängen sich Ihnen so platt auf, sondern viele laufen auch versteckt ab. Möglicherweise wird Ihnen beim Nachdenken bewusst, dass Sie so manchen Konkurrenzkampf, auf den Sie sich immer wieder einlassen, bisher noch gar nicht richtig bemerkt haben. Sie wunderten sich vielleicht immer nur, warum bei den Gesprächen mit Ihrem besten Freund stets eine gewisse Spannung im Hintergrund ist.

Beschließen Sie, aus möglichst vielen dieser Wettbewerbe künftig einfach auszusteigen. Treffen Sie für sich selbst die Entscheidung: »Da mache ich nicht mehr mit.« Sie werden merken, dass Ihnen das leichter fallen wird, als Sie momentan vielleicht glauben, sobald Sie sich nur ein Mal die Frage nach dem Sinn gestellt haben: »Was bringt mir das eigentlich?« Ja, was? Dann haben Sie eben Ihren diesjährigen Sommerurlaub am Moorsee um die Ecke statt auf Mauritius verbracht, fahren zum Schülertreffen mit einem gebrauchten Golf vor oder ziehen bei der Dinnerparty das älteste Handy von allen aus der Tasche! Freuen Sie sich, dass Sie vor sich selbst einfach so frei sein können!

Viel passieren kann Ihnen dabei nicht. Außer dass Sie beim Talk in Sachen neueste Handys, Prada-Klamotten oder Hollywoods Wer-mit-wem-Geschichten kein ganz so gefragter Gesprächspartner mehr sind. Vielleicht werden Ihre ehemaligen »Renn-Kollegen« Sie auch ein wenig seltsam finden: »Du bist irgendwie anders geworden …« Gut möglich, dass sich im Laufe der Zeit Ihr Freundeskreis sogar etwas ändert. Diese kleinen vermeintlichen Opfer können Sie ganz unbesorgt bringen. Denn auf der anderen Seite gewinnen Sie eine Menge: Statt sich mit anderen zu messen, leben Sie wieder mehr aus Ihrem Inneren heraus. Das zu wissen, kann ein unglaublicher Genuss sein.

Je mehr, desto glücklicher? Begraben Sie einen klassischen Trugschluss

Leichter lebt sich ein Leben *less* auch, wenn Sie die Erkenntnis verinnerlicht haben, dass immer mehr Besitz Sie nicht automatisch immer besser drauf bringt. Eine alte Volksweisheit, die von modernen Forschungsergebnissen bestätigt wird, wie man in Stefan Kleins *Glücksformel* lesen kann. Das Anhäufen von materiellen Dingen macht definitiv nicht glücklicher. Haben Sie diese Tatsache einmal für sich erkannt – zum Beispiel, indem Sie sich an den Werdegang einiger Ihrer Anschaffungen erinnern –, haben Sie für ein Leben *less* eine weitere wichtige Grundlage geschaffen.

In Wahrheit ist es nämlich so: Jeder Mensch hat ein bestimmtes inneres »Glücksniveau«, seinen individuellen Wohlfühllevel. Auch Sie. Und der pendelt sich sogar nach einem Millionengewinn nach einiger Zeit wieder dort ein, wo er war, als man mit einem Durchschnittsgehalt auskommen musste und in einer Zweizimmerwohnung lebte. Wer vorher Griesgram war, wird auch mit dickem Bankkonto weiterbrummeln, sobald er sich an den neuen Reichtum gewöhnt hat. Wer in bescheidenen Verhältnissen mit sich und der Welt zufrieden war, wird es auch als Millionär sein.

Umgekehrt ist es übrigens nicht viel anders. Wer von einem hohen Einkommen runtermuss und sich viele gewohnte Dinge nicht mehr leisten kann, pendelt sich nach einiger Zeit trotzdem wieder auf dem Glücksniveau ein, auf dem er vorher war. Davon ausgenommen sind natürlich Probleme, die wirklich existenziell sind – nichts zu essen, kein Dach über dem Kopf etc.

Wenn die Hälfte unserer Wünsche erfüllt wäre,
würden unsere Sorgen verdoppelt sein.
Benjamin Franklin

Wären Sie also glücklicher, wenn Sie das Geld hätten, sich all die Dinge zu kaufen, von denen Sie immer schon träumten? Vergessen Sie es. Im Übrigen würden wir ein Dauer-Glücksfeuerwerk – jeden Tag ein neuer Lottogewinn – allein im Kopf nicht lange aushalten. Wer sein Glücksniveau verändern will, schafft das nur über Änderungen im Inneren seines Wesens. Zum Beispiel über ein besseres Leben im Einklang mit sich selbst, eine erfüllte Partnerschaft oder auch häufige Flow-Erlebnisse, bei denen Sie in Ihre Tätigkeit auf angenehme Weise so versunken sind, dass die Zeit stehen zu bleiben scheint. Ein Leben *less* ist eine gute Basis dafür.

Sie können (fast) nichts versäumen!

Haben Sie manchmal das Gefühl, etwas versäumen zu können? Nein, hier sind nicht die wirklich wichtigen Dinge im Leben gemeint; natürlich müssen Sie verfolgen, wie die eigenen Kinder langsam heranwachsen. Aber was ist mit den vielen kleinen Ereignissen des Alltags? Hier eine schicke Party, die ansteht. Dort die Kollegen im Büro, mit denen Sie zum Ibiza-Trip starten sollen. Die neue Trendsportart. Die Abendnachrichten im Fernsehen. Der hochgelobte Kinofilm. Oder kennen Sie dieses Gefühl, dass es woanders immer noch interessanter oder schöner sein könnte? Vielleicht schmeckt Gericht B noch besser als Gericht A, ein Wochenende in Berlin könnte noch aufregender sein als in Prag, möglicherweise ist X ja ein noch tollerer Partner als Y …

Dieses »Ich-könnte-ja-etwas-versäumen«-Muster ist eine zwangsläufige Auswirkung unserer modernen Multioptionsgesellschaft. Wir haben einfach so verdammt viel Auswahl. Deshalb müssen wir uns fast immer zwischen irgendwelchen Dingen entscheiden. Und versäumen dabei trotzdem stets eine Menge: Wenn wir uns für das Konzert entschieden haben, verpassen wir dafür eine Folge unserer Lieblingsserie, den Cocktailabend bei Steffen und die Vernissage in der City-Galerie. Kein Wunder, dass mit der steigenden Anzahl an Möglichkeiten schnell auch die Unzufriedenheit mit der eigenen Entscheidung wächst. »Vielleicht wäre in Kitzbühel noch mehr los?«, fragen Sie sich, während Sie in St. Anton auf der Skipiste stehen.

Eine Rolle spielen auch die Eingebungen von außen: Werbung, Medien oder auch unser Freundeskreis schildern uns die Dinge, die es zu erleben gilt, natürlich meistens in den schönsten Farben: »Da musst du einfach dabei sein …« Bis wir endlich Ja sagen, ebenfalls den neuen ultimativen Ferienclub besuchen – und nicht selten feststellen, dass dort auch nur mit Wasser gekocht wird: Die Musikbeschallung besteht aus abgenudelten 80er-Jahre-Hits, das als Highlight angekündigte Hummerbuffet ist mit Tiefkühlware bestückt, und die Gästeschar ist genauso mit »Mein Haus, mein Auto, mein Pferd«-Spielchen beschäftigt wie auf jeder x-beliebigen Betriebsfeier zu Hause.

Oder haben Sie schon mal voller Erwartung – Stars! Glamour! Action! – in Hollywood Quartier genommen? Schon der im Fernsehen tausendmal gesehene Walk of Fame hat Sie dann vielleicht doch ein wenig ernüchtert. Die im Gehsteig eingelassenen Sterne mit den Namen bekannter Filmstars sehen ja noch ganz imposant aus. Dass Sie an dieser Stelle jedoch vor allem auf schwitzende Touri-Massen aus aller Welt und gegen Abend zunehmend auch auf seltsame Gestalten stoßen, kann einen schon etwas enttäuschen. Auch in Sachen Straßencafé-Flair stellen Sie fest, dass Sie als Europäer ein wenig mehr gewohnt sind. Und dass sich entlang der Straßen, die für Sie immer so einen magischen Klang hatten, eher uniforme Geschäfte, Supermärkte und Hamburgerlokale reihen, haut Sie ebenfalls nicht gerade um.

Wenn wir trotz allem am Gefühl festhalten, etwas verpassen zu können, ist es hin und wieder auch nur eine bestimmte Gewohnheit, die wir einfach nie hinterfragt haben. Dabei müssten wir tatsächlich nur ein einziges Mal überlegen, ob wir denn wirklich etwas versäumen, wenn wir uns einmal nicht die Abendnachrichten im Fernsehen anschauen oder den Jour Fix in der Vinothek diese Woche sausen lassen – und schon fällt die Antwort leicht.

Vielleicht klingt das alles ein wenig übertrieben für Sie. Denn sicher haben Sie oft genug tatsächlich ein tolles Erlebnis gehabt, als Sie dem »Bloß nicht versäumen« nachgaben. Schauen Sie künftig einfach ein wenig genauer hin, wenn in Ihnen bei irgendeiner Unternehmung der Gedanke aufsteigt, Sie müssten unbedingt mitgehen, weil etwas an Ihnen vorbeigehen könnte. Kann das stimmen? Passt dieses Etwas, das Sie da versäumen könnten, zu Ihrem inneren Wesen? Tut es Ihnen und Ihrer Seele gut? Und: Können Sie auf das Urteil der Freunde vertrauen, die Ihnen immer wieder davon vorschwärmen? Wenn ja, gönnen Sie sich die Sache aus vollem Herzen. Falls nicht, genießen Sie die freie Zeit, die Sie stattdessen haben.

Temporausch und Multitasking

Unsere moderne Gesellschaft lebt schneller denn je. Allein dass wir Nachrichten und Dokumente heute vor allem per E-Mail austauschen, hat das Tempo in der Arbeitswelt noch mal ein gutes Stück gesteigert. Auch im Privatleben wird uns Schnelligkeit und Beschleunigung oft als Qualität verkauft: »... in nur zwei Minuten auf dem Tisch!« Vielen Menschen sind Spielfilme aus den 1950er und 1960er Jahren inzwischen einfach zu langsam: Selbst unsere Sehgewohnheiten fordern heute mehr Speed. Zusätzlich fördert der Temporausch auch wieder den Konsum, denn wer sich bei allem beeilt, ohne innezuhalten und einmal einen Moment zu genießen, konsumiert meist mehr.

Gerade deshalb würde uns manchmal bewusst etwas weniger Tempo nicht schaden. Tun Sie wenigstens hin und wieder Dinge ganz langsam, oder besser gesagt: in einer dem Menschen angepassten Geschwindigkeit. Lassen Sie sich für das Essen eines Gerichts einmal eine halbe Stunde und mehr Zeit. Gehen Sie zu Fuß oder fahren Sie gemächlich mit dem Rad, statt gleich das Auto zu nehmen. Kochen Sie sich in aller Seelenruhe Ihr Lieblingsessen. Machen Sie eine gute Flasche Rotwein auf und genießen Sie sie über den Abend verteilt gaaaanz langsam. Denken Sie bei einer Aufgabe einmal nicht an das gewünschte Ergebnis, sondern konzentrieren Sie sich ganz auf das Tun. Versuchen Sie, selbst alltägliche Tätigkeiten und Verrichtungen nicht möglichst schnell hinter sich zu bringen, sondern sie ganz bewusst zu tun. Seien Sie mit Ihrer gesamten Wahrnehmung, mit Ihrer vollen Aufmerksamkeit dabei (eine gute Übung dafür ist zum Beispiel das Blumengießen). Genießen Sie es, wie Sie durch die bewusste Langsamkeit wieder mehr Herr über Ihre Zeit sind.

Immer mehr zur gleichen Zeit tun – warum eigentlich?

Ist Ihnen außerdem einmal aufgefallen, wie viele Menschen immer mehr Dinge gleichzeitig tun? Wie sehr dieser Gedanke in der Werbung und in manchen Medien sogar als Ideal gepredigt wird? Schauen Sie sich nur einmal im Straßenbild Ihrer Stadt um. Sie werden genügend Leute entdecken, die durch die Fußgängerzone gehen, am Handy telefonieren und ein Sandwich essen – alles gleichzeitig! Oder im Café: Es gibt immer mehr Menschen, die gleichzeitig eine SMS nach der anderen in ihr Handy tippen, eine Suppe löffeln und sich mit ihrem Gegenüber unterhalten. Auch mit dem Laptop am Strand zu sitzen ist so ein Idealbild – Arbeit und Naturgenuss gleichzeitig. Hurra!

Ein Beispiel, wie man den Gleichzeitigkeitsgedanken auf die Spitze treiben kann, liefert eine US-amerikanische Restaurantkette. Dort werden in jedem Lokal auf großen Monitoren, die an allen Wänden hängen, knallig-bunte Werbespots und »Making-of«-Berichte aktueller Hollywood-Kinofilme gezeigt. Gleichzeitig soll der Gast dann auch noch essen und sich mit seiner Tischgesellschaft unterhalten. Ergebnis: Weder bekommt man wirklich viel von den gezeigten Filmen mit, noch nimmt man Essen und Getränke so wahr, wie es vielleicht Gesundheit und Genuss dienlich wäre. Auch ein vernünftiges Gespräch mit den anderen ist auf Dauer kaum möglich, da es auf den Monitoren ständig etwas Neues zu sehen gibt und man selbst, wie auch der Rest der Runde, ständig mit dem Blick zum Monitor abschweift. Fazit: Als Gast macht man hier drei Sachen gleichzeitig – aber keine davon richtig.

Eine alte Regel besagt: Wenn du etwas tust, tue es voll und ganz. Tue nur das – und nichts anderes. Egal, ob man isst, ein Buch liest oder den Boden fegt. Machen Sie sich nichts vor: Der Mensch ist nicht unendlich Multitasking-fähig wie ein Computer, der problemlos fünf Befehle gleichzeitig ausführt. Er braucht es ja auch gar nicht zu sein. Zu einem Leben *less* gehört es, Dinge wieder konsequent nacheinander zu tun statt zu versuchen, sie gleichzeitig zu erledigen. Checken Sie erst Ihre E-Mails, und genießen Sie dann Ihr Essen mit allen Sinnen. So steht Ihnen für jede einzelne Tätigkeit immer Ihre volle Energie und Aufmerksamkeit zur Verfügung. Und Sie haben allein deshalb mehr davon.

Hamsterbacken und Klötze an den Beinen

»Man weiß ja nie, ob man das nicht doch mal brauchen kann«: So lautet eine der sichersten Methoden, um sein persönliches Umfeld langsam, aber sicher mit Krempel und Zeugs anzufüllen. Zugegeben: irgendwie kennen wir diese Einstellung alle ganz gut von uns selbst. Hinter dem Hamstern steckt einfach ein urmenschlicher Trieb zur Vorratshaltung. In der heutigen Zeit macht der Gedanke des ewigen Aufhebens jedoch häufig keinen Sinn mehr. Denn inzwischen können Sie so gut wie alles problemlos beschaffen, wenn Sie es gerade wieder brauchen sollten – dank dem Internet. Wenn Sie es selbst nicht glauben: Geben Sie einmal ein paar Artikel, von denen Sie glauben, sie nur schwer wieder besorgen zu können, im Suchfenster von eBay ein. Sie werden die meisten davon mit Sicherheit finden.

Verabschieden Sie Besitz, der mehr Last als Lust ist

Neben dem lästigen Hamstervorrat gibt es auch Besitz, der uns auf eine ganz andere Weise belastet: Er kostet mehr, als er auf der anderen Seite bringt. Gerade bei real vorhandenen Objekten – im Gegensatz zu Dienstleistungen, Urlaubsreisen und anderem – ist das oft der Fall. Solche Dinge stehen herum, nehmen Platz weg, wollen aufgeräumt und gesucht werden, schreien nach Pflege, kosten Geld, machen Lust auf noch mehr Besitz, gehen wieder kaputt, zwingen Sie zum Studium unverständlicher Bedienungsanleitungen, können außerdem geklaut werden, ungeahnten Neid bei den lieben Mitmenschen wecken, irgendwann veralten und, und, und.

Denken Sie nur an das Ungetüm, das die meisten von uns haben und das im monatlichen Zeit-, Geld- und Nervenbudget einen ordentlichen Platz einnimmt: das Auto. Da kommt einiges zusammen. Der monatliche Unterhalt: Entweder Sie stottern den Wagen per Leasing- beziehungsweise Finanzierungsraten ab oder Sie legen korrekterweise jeden Monat eine Summe zur Seite, die anteilig dem Wertverlust Ihres Wagens entspricht. Die Wartung. Das Reparieren kleiner Schäden, zum Beispiel von bösen Schlüsselkratzern. Die Verantwortung – wenn es etwa heißt: »... ist das *Ihr* Wagen?!« Der Platzverbrauch. Das ganze Sich-drum-kümmern-Müssen: TÜV, ASU, »Winterreifen runter, Sommerreifen rauf« und umgekehrt. Der Neid, den Ihr Gefährt vielleicht bei manchen Mitmenschen erzeugt, ob offensichtlich – böse Blicke an der Ampel – oder unterschwellig: »Ach, Sie haben sich die neue E-Klasse zugelegt? Die soll ja ganz schöne Macken bei der Elektronik haben.« Oder auch der Stress beim Autofahren: Achten Sie einmal darauf, wie sich gerade in Deutschland manche Menschen am Steuer regelrecht verausgaben, wenn sie über andere Verkehrsteilnehmer schimpfen.

Neben all diesen Umständen kann Besitz auch deshalb zur Last werden, weil er unsere Aufmerksamkeit stark beansprucht: die Zeit, in der wir uns einer bestimmten Sache in Taten, Worten und Gedanken widmen. Zum Beispiel – um beim Auto zu bleiben – wenn Sie abends im Bett liegen und noch einmal darüber nachgrübeln, um wie viel km/h Sie wohl zu schnell waren, als die Radarfalle aufblitzte. Oder wenn Sie beim Arzttermin unruhig sind, weil Ihr Auto unten im Parkverbot steht. Und Sie damit den Politessen ein Angebot machen, das diese wohl kaum ausschlagen werden.

Sogar manch geistiger Besitz kann Last statt Lust sein. Zum Beispiel unsere Vorurteile: Sie hindern uns nur daran, Wahrheiten zu erkennen, Neues zu entdecken und den eigenen Horizont zu erweitern. Wer sich stets sagt: »In Italien ist alles schmutzig, laut und teuer«, wird dieses Land vermutlich auch immer nur durch diese Brille sehen – oder gar nicht erst dort hinfahren. Damit wird er dann allerdings auch das Land versäumen, in dem sich rund die Hälfte der europäischen Kulturschätze befinden, das in der Antike fast ganz Europa geprägt hat und bis heute noch prägt und dessen Bevölkerung so manches gute Beispiel gibt, wie ein Leben *less* aussehen kann – und vor allem welcher Genuss damit verbunden ist.

Gehen Sie Ihre Besitztümer einmal unter diesem Gesichtspunkt durch. Stellen Sie zu allen Gegenständen, die in Frage kommen, eine Art Kosten-Nutzen-Bilanz auf. Fragen Sie sich auf der einen Seite: »Was habe ich davon?« Führen Sie auf der anderen Seite auf, was Sie dafür aufbringen und aufgeben müssen: Geld, Nerven, Zeit, Erfahrungen, die Sie nicht machen können, ein Stück Freiheit etc. Wenn unter dem Strich einfach zu viel Ballast bleibt, sortieren Sie rigoros aus, worauf Sie in Wahrheit eigentlich gut und gern verzichten können. Genießen Sie, wie viel freier Sie sich plötzlich fühlen.

Lieber einmal zu viel als zu wenig überlegen

Bei Anschaffungen und Engagements, die eine langfristige Bindung für Sie bedeuten, gehen Sie am besten grundsätzlich besonders überlegt vor. Es gibt genügend Menschen, die allein durch ihre drei Hunde, zwei Autos, einen großen Garten und eine vermietete Wohnung jahrelang ganz schön auf Trab gehalten werden. Je fester und langfristiger Sie an etwas gebunden sind, umso größer kann außerdem der Aufwand sein, die Sache wieder abzugeben – etwa falls Sie eines Tages feststellen, dass Sie sie gar nicht mehr wollen. Beobachten Sie einmal, wie hart manche Leute darum kämpfen, etwas wieder loszuwerden, das ihnen noch vor wenigen Monaten wie der Schlüssel zum Glück vorkam. Beispielsweise die für viel Geld erworbene Dachgeschosswohnung, in der es im Sommer einfach zu heiß wird und die jetzt nur mit Verlust zu verkaufen ist. Oder die als Steuersparmodell geplante »Ost-Immobilie«, die sich nur zu Spottpreisen vermieten lässt. Das trendige Tattoo am Oberarm kann ebenfalls zum Ärgernis werden, denn damit laufen inzwischen Hinz und Kunz herum. Nicht selten wird leider sogar der Ehepartner zur Last, den man im Überschwang der Gefühle schon nach zwei Monaten heiratete und der sich dann doch nicht als Traumprinz oder -prinzessin entpuppte.

Auch wenn Spontaneität heute als Tugend angegesehen wird: Prüfen Sie alle Entscheidungen, mit denen Sie sich langfristig binden, einfach etwas intensiver. Überschlafen Sie alles mehrmals. Lassen Sie sich nicht aus der Ruhe bringen. Blenden Sie gerade bei materiellen Anschaffungen die Emotionen auch einmal aus: Lauschen Sie, ob und welche inneren »Einflüsterer« bei Ihnen möglicherweise am Werk sind, und ergründen Sie, was vielleicht in Wahrheit dahinter steckt. Bei großen und langfristigen Verpflichtungen Fehler zu machen, kann Sie mitunter viele Jahre lang hindern, ein Leben *less* zu führen. Alles nur wegen einer spontanen Unterschrift, weil man sich mitreißen ließ oder »weil es halt alle so gemacht haben«. Auch Ihr unmittelbares Umfeld – Eltern, Geschwister, Lebenspartner – wird Ihnen eine gewisse Überlegtheit bei großen Entscheidungen danken. Denn die Folgen größerer Fehlentscheidungen müssen meist auch nahe stehende Menschen ausbaden. Zum Beispiel weil Sie deswegen immer wieder schlechte Laune haben. Oder schlicht und einfach pleite sind.

Dabei sagt ja niemand, dass man überall immer gleich Eigentümer sein muss. Manchmal ist es viel besser, wenn Sie sich die Sachen nur ausleihen. Sie träumen vom Leben auf dem Land? Mieten Sie sich erst einmal ein Häuschen in einem Dorf und prüfen Sie, ob Ihr Traum auch in Wirklichkeit so schön ist. Sie wollen ein Cabrio fahren? Leihen Sie sich eins aus! Selbst Klaviere gibt es heute per Mietkauf. Genießen Sie das Gefühl, eine Sache erst einmal einfach nur zu nutzen, ohne dass Sie dafür gleich die Verantwortungen und Verpflichtungen eines Eigentümers auf sich nehmen. So angenehm *less* lassen sich auch viele große Dinge erleben.

Die Einflüsterer

Überlegen Sie einmal, wer Sie eigentlich auf die Idee gebracht hat, das neue Kleid oder die neue Uhr zu kaufen. Haben Sie das wirklich ganz allein entschieden? Oder war es der Artikel in der aktuellen Illustrierten, der Ihnen einschärfte, ohne diesen neuesten Schrei könnten Sie im Frühjahr gar nicht auf die Straße gehen? Promi-Reportagen und Anzeigen sind bei weitem nicht die einzigen Einflüsterer, die uns tagtäglich umgeben. Denken Sie nur an Ihre Bekannten, die immer wieder wissen wollen, welche Marke Sie gerade tragen. Auch die perfekt angezogene Arbeitskollegin, die sich für die Kleidung anderer Leute in Wahrheit vielleicht gar nicht interessiert, lässt Sie immer wieder nachdenken, ob Sie etwas Neues brauchen könnten.

Die Umstellung auf ein Leben *less* wird leichter, wenn Sie sich erst einmal von allen unnötigen Verführern dieser Art freimachen. Das Fernsehen präsentiert Ihnen »Die neuesten Highlights von der Automobilmesse« oder »Junge Hollywood-Stars zeigen ihre Lieblingsboutiquen«? Zappen Sie weg! Oder lassen Sie den Fernseher eine Weile ganz aus. Auch Lifestylemagazine aller Art befassen sich oft mehr mit Produktneuheiten als mit echten Inhalten. Manchmal werden Sie gleich Seite für Seite zu neuen Einkäufen animiert: »... stilvolles Country-Outfit, gesehen bei XY für 832 Euro ...« Halten Sie solche Zeitschriften wenigstens eine Zeit lang von sich fern. Wenn Sie später ab und zu eine davon wieder in die Hand nehmen und darin blättern – zum Beispiel beim Arzt oder beim Frisör –, entdecken Sie schnell die Konsumfallen, die Ihnen zwischen den Zeilen auflauern.

Andere Einflüsterer sind die Menschen in Ihrer Umgebung. Haben Sie Freunde oder Arbeitskollegen, die Ihnen ständig erzählen, wo die »Szene« jetzt essen und tanzen geht, wohin »man« in Urlaub fährt oder welcher Sport gerade der ultimativ richtige ist? Wenn Sie das Gefühl haben, dass einige Ihrer Bekannten in erster Linie Konsum im Kopf haben – und Ihr neues Leben *less* niemals verstehen würden –, schränken Sie den Kontakt ruhig ein wenig ein. Keine Sorge: Mit Lessness werden Sie so viele positive Erfahrungen machen, dass Sie solche Bekanntschaften nicht lange vermissen. Allein schon deshalb, weil Sie sich vielleicht plötzlich ein Stück weiterentwickelt haben. Vielleicht lernen Sie stattdessen ganz neue Freunde kennen, die mehr in Ihnen sehen als das Auto, das Sie gerade fahren.

Noch ein Einflüsterer darf hier nicht fehlen: Sie selbst! Schon von den Ansichten anderer und den Verführungen und Angeboten aus Medien und Werbung geht viel auf Ihre eigene Denkweise über, ohne dass Sie es mitbekommen. Nicht selten sind Sie vielleicht sogar im vorauseilenden Gehorsam der Meinung, Sie hätten »nichts mehr anzuziehen«, Ihr Handy sei vollkommen überholt und Ihr Auto einfach nicht mehr das richtige für jemanden in Ihrer Position. Dabei hält Sie in Wahrheit vermutlich kein Mensch für »ärmlich« oder aus der Mode – und trotzdem sind Sie unsicher und fürchten, den Anschluss zu verlieren. Achten Sie deshalb auch auf Ihre inneren Einflüsterer und verabschieden Sie sich vom Glauben, nur durch richtigen Konsum könnten Sie »dazugehören«. Mit Lessness steigern Sie Ihr echtes Selbstvertrauen, für das Sie solche kurzlebigen Hilfen nicht nötig haben.

Machen Sie sich den Einfluss von Medien und Werbung bewusst

Falls Sie nicht in einer echten finanziellen Notsituation sind, haben Sie vermutlich sowieso schon alles, was Sie wirklich brauchen. Ein Dach über dem Kopf. Ein Bett zum Schlafen. Genügend zu essen und zu trinken. Die Grundausstattung an Unterhaltungs- und Kommunikationselektronik – Fernseher, Telefon, Handy. Bücher zum Lesen. Die tägliche Zeitung. Genügend Geld, um sich mit Freunden im Café auf einen Latte Macchiato zu treffen.

Fragen Sie Marketing-Experten, Werber, Product Manager – am besten abends an der Bar, nach dem dritten Cocktail. Wenn bei den Machern die Zunge lockerer sitzt und die Worthülsen aus den Powerpoint-Präsentationen des zurückliegenden Arbeitstages nicht mehr so recht ihre Wirkung entfalten wollen, werden Sie es schnell heraushören: Die meisten Märkte sind heute in Wahrheit voll. Verstopft. Jeder hat ein Auto, ein Handy, einen CD-Spieler, einen Tisch, ein Bett, eine Armbanduhr. Vieles davon bereits in mehrfacher Ausführung. Die meisten materiellen Bedürfnisse sind in den westlichen Industrieländern praktisch flächendeckend erfüllt. Wir brauchen nicht mehr *wirklich* etwas.

Die Hauptarbeit in vielen Branchen ist es deshalb, stattdessen künstlich neue Bedürfnisse zu schaffen. Es wird Ihnen also eingeredet, dass sie etwas brauchen. Das ist in einem gewissen Maß auch o.k. Manchmal lässt man sich ja auch gern einmal etwas einreden. Und vielleicht gefällt es dann auch tatsächlich. Oder es erfüllt wirklich ein Bedürfnis. So wie das Handy – unterwegs schnell mal telefonieren zu können, ist einfach praktisch.

Nur: Wir sind heute einem nie da gewesenen Sperrfeuer der eingeredeten Bedürfnisse ausgesetzt. Ohne es immer gleich zu merken. Nein, hier geht es gar nicht so sehr um die Werbung – die ist meist viel zu platt, lässt sich wegzappen und überblättern. Heute sind es vor allem die Medien, die zwischen den Zeilen oder auch ganz direkt dafür sorgen, dass uns die Wünsche so schnell nicht ausgehen: Fernsehsender, Zeitschriften, Radiostationen, Internetmagazine – zumindest jene, die sich vom klassischen Journalismus dezent verabschiedet haben. Und das sind nicht gerade wenige.

Wie durchlässig die Grenzen allein zwischen Werbung und Journalismus inzwischen geworden sind, können Sie besonders deutlich jeder x-beliebigen Frauenzeitschrift oder einem unserer modernen Männermagazine entnehmen. Nicht selten müsste hier hinter jedem zweiten Artikel ehrlicherweise das Wort »Anzeige« stehen, so sehr werden manche Produkte ins Rampenlicht gerückt. Auch im Fernsehen finden Sie diese Art des Bedürfnisseschaffens. Falls es noch einigermaßen dezent abläuft, heißt das dann zum Beispiel Product Placement – einzelne Produkte und Marken werden in das Geschehen so eingeflochten, dass man zufälligerweise immer überdeutlich erfährt, welchen bestimmten Designer die Hauptdarstellerin beim Schuhkauf bevorzugt.

Oft geht es aber nicht einmal um konkrete Produkte. Auch das Ausrufen von Trends, Idealbildern oder tonangebenden »It-People«

kann dazu führen, dass sich ganze Alters- oder Gesellschaftsgruppen plötzlich mit Produkten ausstatten oder mit Aktivitäten beschäftigen, die man eigentlich links liegen beziehungsweise bleiben ließe, wäre im Blätterwald und auf der Mattscheibe nicht plötzlich dieser Hype darum. Das muss übrigens gar nicht unbedingt in Form von lobhudelnden Berichten oder Checklisten-Geschichten geschehen. Auch empörte Boulevard-Schlagzeilen oder betont reißerische TV-Berichte à la »Reporter decken auf« leisten direkt wie indirekt ihren Beitrag, dass der Run auf mehr oder minder Fragwürdiges wie Brustoperationen, Billigflug-Tickets, »Whiter-than-white«-Look für die Zähne oder Diät-Wundermittelchen weiter zunimmt. Das Tückische daran: Gegen diese Art von Beeinflussung sind wir nicht so leicht immun. Die Presseoptik strahlt einfach immer noch viel Seriosität und Glaubwürdigkeit aus.

Hinzu kommt der Faktor Masse: Ein einziges Geschichtchen um den neuesten Diättrend – inklusive teurer Produkte und Kurse – lässt Sie vermutlich noch kalt. Die eigentliche Wirkung entsteht erst, wenn die Botschaft über einen längeren Zeitraum hinweg in vielen Medienkanälen immer und immer wieder auftaucht. Ein Effekt, der erst heute so richtig zum Zug kommt, seit es so unglaublich viele verschiedene Zeitschriften, Fernsehsender, Radiostationen und Internetforen gibt – und sich damit eine immer größere Medienmeute auf die gleichen Themen stürzt. Dass die meisten Blätter und Sender auch noch gern untereinander Themen abkupfern, verstärkt zusätzlich den Durchlauferhitzer-Effekt. Lesen und hören wir also über Wochen hinweg aus den unterschiedlichsten Quellen über den »Fatburner XY« – natürlich »neu aus den USA« – und ist das Thema auch schon im Freundes- und Bekanntenkreis auf der Tagesordnung, kommt man vielleicht doch nach und nach ins Grübeln, warum man das Mittelchen noch nicht geshoppt hat.

Nach diesem Prinzip hat sich zum Beispiel auch Halloween innerhalb kürzester Zeit in Deutschland als festes Event etabliert. Als wäre es nie anders gewesen, schnitzen wir heute am 31. Oktober Fratzen in hohle Kürbisse und ziehen kettenrasselnd zur nächsten Party. Dabei war der Begriff Halloween in Deutschland noch vor nicht allzu langer Zeit in erster Linie einer kleinen Gemeinde von Horrorfilm-Fans vertraut. Irgendwann versuchten es in den 1990er

Jahren einige trendige Großstadt-Discotheken mit ersten Halloween-Partys, angeregt von Trips in die USA. Prompt entpuppte sich das Spektakel bei Kürbissuppe und Gruseldeko als die Lösung, um im stimmungsfeindlichen Spätherbst mit all den Toten- und Gedenktagen doch noch Leben in die Bude zu kriegen. Von da an dauerte es nur noch wenige Jahre, bis das Thema durch die Medien schoss wie eine Billardkugel, so wie es heutzutage an allen Ecken und Enden durchgereicht wird – von der Beratung für die richtige Maskerade bis hin zu acht Sonderseiten rund um Kürbis-Rezepte und Halloween-Menüs, ohne die sich selbst Hausfrauenzeitschriften inzwischen nicht mehr zu erscheinen trauen.

Um dieser Art von Themengewitter nicht beständig ausgesetzt zu sein, gibt es nur einen Weg: Reduzieren Sie Ihren Medienkonsum – und halten Sie sich verstärkt an die wenigen Quellen, die dem klassischen Journalismus noch nicht ganz und gar den Rücken gekehrt haben.

Pflegen Sie Ihren inneren Filter für Informationen

Versuchen Sie, die Menge an Informationen, die täglich auf Sie eindringt, bewusst zu filtern. Sie müssen nicht alles aufnehmen, was Ihnen Zeitungen, Fernsehen, Internet, Fachblätter und Mitmenschen Tag für Tag präsentieren – auch wenn alles so bedeutend aussieht. Im Gegenteil: Filtern ist heute wichtiger denn je, wenn uns auf Dauer nicht der Kopf brummen soll.

Nehmen Sie lieber regelmäßig selbst die Initiative in die Hand. Bauen Sie langsam, aber sicher das Wissen aus, das Ihnen im Leben eine bessere Orientierung gibt. Eine gute Allgemeinbildung hilft zum Beispiel ungemein, viele Informationen sowie geschichtliche und aktuelle Ereignisse besser einzuordnen. Beschäftigen Sie sich immer wieder einmal mit den *Grundlagen* dessen, was unsere Gesellschaft ausmacht: Geschichte, Literatur, Malerei, Philosophie, die Weltreligionen, Politik, Popkultur, Technik und Wirtschaft. Dabei reicht es völlig aus, wenn Sie die zentralen Fragen und Entwicklungen in groben Zügen kennen und verstehen.

Im Laufe der Zeit bekommen Sie dadurch ein besseres Verständnis für die Themen, die wirklich wichtig sind – weil sie sowohl Ihr Leben als auch das heutige Geschehen in Ihrer Umwelt beeinflussen: Zum Beispiel erfahren Sie, welche Einflüsse Ihre Kultur, Ihre Herkunft und Ihre Familiengeschichte prägten, welche wichtigen Wendepunkte es in der Geschichte Ihrer Region und Ihres Landes gab, warum die Gesellschaft um Sie herum so tickt und nicht anders oder auch, warum Sie aufgrund Ihrer Herkunft manche Dinge eben auf eine bestimmte Art und Weise sehen. Kein schlechter Ansatz dafür ist übrigens das Buch *Bildung. Alles was man wissen muss* von Dietrich Schwanitz.

Der Sog der Öffentlichkeit

Selbst aufgeklärte, moderne und intelligente Menschen sind nicht gegen den Einfluss gefeit, den eine Masse auf sie ausübt. Dabei muss es gar nicht gleich um prügelnde Fußball-Hooliganhorden gehen, die im normalen Leben vielleicht ganz zivile Berufe ausüben und Frau und Kinder haben. Es reicht schon zu beobachten, wie sehr sich manche Menschen, angesteckt von der Gruppendynamik einer tausendköpfigen Menge, nach großen Sportereignissen hundeelend fühlen, weil der eigene Verein verloren hat. Obwohl dies nichts mit ihrem eigenen Leben, ihrem wahren Ich zu tun hat.

Gehen Sie einmal in ein Einkaufszentrum, das voller Menschen ist und in dem große »Shoppingstimmung« herrscht. Versuchen Sie dann, konsequent nichts zu kaufen. Oder auch nur die Gelassenheit zu bewahren, die Sie noch hatten, als Sie Ihre Wohnung verließen – auch wenn im Konsumtempel um Sie herum kollektive Hektik herrscht. Gar nicht so einfach!

Halten Sie sich deshalb häufiger von Massen und Massenthemen fern, wenn Sie Ihr Leben *less* gestalten wollen. Machen Sie sich den Trugschluss klar, der hinter dem meist unbewussten Gedanken steckt, dass die Entscheidung, die eine Masse trifft, auch immer die richtige ist. Die Tatsache, dass eine bestimmte Sache »alle so machen« oder an einem Ort viele Menschen sind, ist nicht automatisch auch ein Qualitätsmerkmal. Manchmal zeigt sie einfach nur, dass viele Menschen die Entscheidung für oder gegen etwas »den anderen« überlassen haben. Sie sind einfach hinterher getappt. Das lässt sich im Kleinen zum Beispiel im Urlaub gut beobachten: Liegen an der Strandpromenade zwei Restaurants nebeneinander und ist eines noch leer, während im Lokal nebenan bereits einige Gäste sitzen, werden die meisten Neuankömmlinge das Restaurant ansteuern, in dem schon Tische belegt sind. Selbst wenn das Essen dort der letzte Fraß ist, was bereits beim Blick auf die Speisekarte am Eingang deutlich geworden wäre.

Seien Sie möglichst unbekannt

Immer mehr Menschen träumen außerdem davon, einmal auf irgendeine Weise bekannt oder berühmt zu werden. Ob im kleinen Rahmen als Lokalpolitiker oder als Fotomodell, Popstar oder Wirtschaftsboss. Kein Wunder, singen doch die Medien tagein, tagaus das Hohelied des Ruhms. Aber verraten sie Ihnen auch, was es wirklich heißt, wenn Sie plötzlich *jeder* kennt? Wenn Sie zu einer Person des öffentlichen Lebens geworden sind und Ihnen Passanten auf der Straße zu jeder Schlagzeile über Sie ungefragt ihre Meinung sagen – falls Sie irgendwann überhaupt noch auf die Straße gehen wollen?

Lassen Sie sich vom Promi-Kult nicht beirren: Auch hier ist weniger mehr. Für den Großteil der Menschen ist es wesentlich besser, in der Öffentlichkeit so unbekannt wie möglich zu sein, um ein ruhiges, ausgeglichenes Leben zu führen. Wer im Rampenlicht steht, dem wird schon eine ordentliche Standfestigkeit abverlangt, die wir »Anonymusse« uns gar nicht immer vorstellen können. Haben Sie schon einmal erlebt, wie heftig Presse und Öffentlichkeit schon auf Stars aus der zweiten Reihe Jagd machen?

Genießen Sie umso mehr den Unterschied zu Ihrem eigenen Leben: Kein Mensch spioniert Ihnen nach, vor allem nicht der immer ungenierter auftretende Tross der Medien. Keiner kommentiert ungefragt Ihr Tun oder gar Ihr Privatleben: »Was Sie da über Ihre Frau gesagt haben, war aber ganz schön böse von Ihnen!« Niemand zupft Sie im Restaurant am Ärmel oder knipst Sie mit versteckter Kamera im Supermarkt.

Sie haben auch nicht mit der seltsamen Erfahrung zu kämpfen, dass sich wildfremde Menschen ein ganz bestimmtes Bild von Ihnen gemacht haben und dann enttäuscht sind, wenn sie Sie persönlich kennen lernen: »Wieso sind Sie denn so ernst, im Fernsehen machen Sie doch auch immer so lustige Witze?«

So etwas kann vor allem dann Nerven kosten, wenn Sie für eine ganz bestimmte Eigenschaft berühmt sind. Kennt man Sie zum Beispiel in der Öffentlichkeit als Trendsetter in Sachen Mode, dann haben Sie einen echten Ruf zu verlieren, falls Sie doch einmal im Schlabberdress an der Tankstelle vorfahren und dort prompt von dem Fotografen eines Klatschjournals abgelichtet werden. Oder Sie sind bekannt als Verfechter einer gesunden Lebensweise samt Vorbildfunktion für die Jugend dieses Landes – und just bei diesem einen Society-Empfang, bei dem Sie sich aus einer Laune heraus ein Zigarillo anstecken, taucht neben Ihnen Gesellschaftsreporter Andy Adlerauge auf. Für den Rest des Abends haben Sie dann schon die Schlagzeile vor Augen, mit der Ihr Ausrutscher am nächsten Tag genüsslich kommentiert wird.

Freuen Sie sich lieber über Ihr ungestörtes Privatleben. Das ist wirklich ein wertvolles Gut, das Sie auch nicht so einfach wieder zurückkaufen können, wenn Sie es einmal hergegeben haben. So manche hohe Stargage ist eher eine Art Schmerzensgeld für den Verlust der eigenen Privatsphäre. Fragen Sie einmal Menschen, die in der Öffentlichkeit stehen, ob es wirklich immer so angenehm ist, wenn einem die Geister, die man rief, nicht mehr von der Pelle rücken. Denken Sie nur an die so genannten »Stalker« – penetrante Verehrer, die nicht immer ganz ungefährlich sind.

Weitgehend unbekannt zu sein hat einfach seine Vorteile. Andere Menschen treten Ihnen gegenüber ehrlicher auf. Falsche Freunde bleiben fern, echte dafür erhalten. Und Sie müssen auch nicht mit den Folgen kämpfen, die eintreten, wenn Sie aus dem Rampenlicht vielleicht eines Tages wieder verschwinden. Und Ihnen der rote Teppich unter den Füßen weggezogen und für einen neuen Star aufgerollt wird.

Einkaufen – Ihr schönstes Hobby?

Wie zahlreich sind doch die Dinge, deren ich nicht bedarf.
Sokrates, beim Gang über den Athener Markt

»Geiz ist geil«: Geben wir es zu, diese Parole hat uns elektrisiert! Selbst gut verdienende Anzugträger belagern heutzutage die Discounterfilialen, um nur ja ein Exemplar des sensationell billigen Funkweckers zu ergattern. Obwohl sie bis vor einem Tag noch gar nicht wussten, dass sie ein solches Wunderwerk der Technik überhaupt brauchten. Um zwei, drei Euro für neue Handtücher zu sparen, klappern wir auch schnell mal gern einen Großmarkt nach dem anderen ab, schachern mit Aushilfsverkäufern und wedeln mit den Ausdrucken unserer Preisrecherche aus dem Internet. Auch wenn dadurch an die hundert Kilometer auf den Tacho kommen, der halbe Tag draufgeht und Straßen und Läden überquellen, weil tausend andere die gleiche Idee hatten. Selbst bei Lebensmitteln haben wir uns daran gewöhnt, dass längst nicht mehr der Geschmack das Hauptkriterium ist, sondern in erster Linie ein möglichst günstiger Preis. Wie eine echte Tomate, ein richtiges Baguette oder ein ehrliches Stück Fleisch schmecken, haben wir dabei leider verlernt.

Viele Dinge kaufen wir auch einfach nur, weil wir reine Kauflaune in uns verspüren oder die Sachen bei einer bestimmten Kaffeeröster-Kette gerade in den Regalen liegen, obwohl zu Hause genügend Leselampen und Kosmetiktäschchen herumstehen. Der entzückende Mini-Tischstaubsauger kommt in der Regel höchstens zweimal zum Einsatz, bevor er in den Schrank wandert – falls dort zwischen dem Gyros-Grill, den Oliventöpfchen und der Chi-Maschine überhaupt noch Platz ist.

Und wenn uns die hiesigen Einkaufspassagen und Malls irgendwann zu langweilig werden, füllen wir unsere Einkaufstüten eben beim Christmas Shopping in New York, oder wir jetten ins Einkaufsparadies Dubai. Schon vor gut zwanzig Jahren brachte die amerikanische Künstlerin Barbara Kruger unsere moderne Einkaufswelt in einem ihrer bekanntesten Werke auf einen treffenden Nenner: »I shop, therefore I am« (»Ich kaufe, also bin ich«, frei nach Descartes). 2002 verhüllte sie die Fassade eines Kaufhauses an der Frankfurter Einkaufsstraße Zeil mit einem riesigen Transparent. Aufschrift: »Du liebst es, du träumst es, du brauchst es, du willst es, du kaufst es, du vergisst es«. Oder legst es in den Schrank, könnte man fortsetzen – zu den vielen anderen Sachen, die du auf deinen letzten Einkaufszügen erbeutet hast.

Schreiben Sie Ihre Wünsche auf

Sie möchten künftig lieber *less* einkaufen? Treffen Sie eine ganz einfache Entscheidung: Sie kaufen nur noch, was Sie wirklich wollen und brauchen. Im Zeitalter der Einkaufszentren, der Internet- und TV-Shops sowie der massiven Werbung, die uns häufig bis ans Regal begleitet, ist diese Devise ganz wichtig. Falls Sie große Schwierigkeiten haben, Ihre echten Wünsche von den eingeredeten Bedürfnissen zu unterscheiden, können Sie sich mit einer wirkungsvollen Methode behelfen. Sie machen sich zu Hause eine Liste, auf der Sie regelmäßig die kleinen und großen Anschaffungswünsche notieren, die Ihnen gerade einfallen. Bevor Sie dann einkaufen gehen, werfen Sie erst einmal einen Blick auf Ihre Liste. Hier haben Sie alle Wünsche im Überblick, und schon beim Vergleichen kommt Ihnen so manches davon plötzlich doch nicht so wichtig vor. Das eine oder andere werden Sie also sofort streichen können, weil Ihr Wunsch danach doch nicht so ausgeprägt ist. Schon mit dieser kleinen Strategie verhindern Sie, sich später über Gegenstände ärgern zu müssen, die Sie in Wahrheit gar nicht haben wollten.

Beim Einkauf nehmen Sie die Liste mit. Sie hilft Ihnen, immer häufiger genau das zu kaufen, was Sie auch wirklich wollen. Und nicht irgendwelche Spontan-Angebote, bei denen man meist erst im Nachhinein zu überlegen beginnt, ob man sie eigentlich braucht. Tragen Sie diese Liste einfach immer bei sich, auch wenn Sie nur gezielt einen bestimmten Artikel kaufen möchten. Fast immer sieht man nämlich unterwegs noch das eine oder andere, was einem ebenfalls gefällt. Mit Ihrem Wunschzettel in der Tasche können Sie jederzeit prüfen, ob Sie vielleicht gerade zu einem unnützen Spontan-Kauf ansetzen. Oder ob sie tatsächlich beherzt mit Gefühl und Verstand zugreifen können.

Billig macht willig? Nicht mit Ihnen!

Schnäppchenalarm! Manchmal ist es ein verführerisch niedriger Preis, der uns zum Kaufen verführt – und der dafür sorgt, dass wieder ein Ding mehr in unserem Heim Platz, Aufmerksamkeit, Pflege und so manches mehr verbraucht. Obwohl wir es uns normalerweise gar nicht gekauft hätten. Wenn es nur nicht so verdammt günstig gewesen wäre! Wann immer Sie ein vermeintliches Schnäppchen anlacht: Überlegen Sie zum Beispiel einfach, ob für den Preis, den das Stück kosten soll, überhaupt eine vernünftige Qualität machbar ist. Schon das hilft meist, um wieder auf den Boden der Tatsachen zu kommen. Ob ordentliches Werkzeug, ein edler Wein, vernünftige Küchenmesser oder ein schnurloses Telefon, das nicht rauscht: Qualität, kompetente Beratung oder auch ein anständiger Reparaturservice haben in der Regel einfach ihren Preis. Nicht umsonst lautet eine alte Wirtschaftserkenntnis: Es gibt nichts, was ein anderer nicht auch ein wenig billiger und schlechter produzieren könnte.

Oft ist es keine schlechte Idee, die Sache trotz des verlockenden Preises ein paar Stunden oder Tage auf sich beruhen zu lassen. Nehmen Sie dann das Angebot noch einmal unter die Lupe. Ihre vom Schnäppchenfieber aufgewühlte Gefühlswelt hat sich inzwischen wieder beruhigt. Sie hatten Zeit, sich das Ganze in Ruhe zu überlegen. Wenn Sie jetzt kaufen, können Sie die Sache offensichtlich wirklich gebrauchen. Und wenn das Schnäppchen weg ist? Bleiben Sie ganz gelassen. Überlegen Sie, wie oft solche Dinge immer wieder überall zu Niedrigpreisen angeboten werden.

Finger weg von »praktischen« Sets

Tückisch sind auch die beliebten Sets. Gerade Bau- und Supermärkte sind eine echte Fundgrube dafür. Ein 18-teiliges Obstmesser-Set, ein komplettes »Er-und-Sie-Set« fürs Bad oder die satte dreißig Teile umfassende Gartenwerkzeugsammlung »Britain« – die Kreativität der Set-Schnürer kennt keine Grenzen. Oft genug sind die Sachen auch noch zugriffsoptimiert als Spontan-Artikel neben Kassen oder Rolltreppen ausgelegt. Zugegeben: Sets sind einfach ein besonders heftiger Appell an den urmenschlichen Sammlertrieb. »So viele Dinge, die man da für sein Geld bekommt!«, freut sich das Kind in uns. Lassen Sie die Zusammenstellungen trotzdem lieber links liegen. Meist sind die einzelnen Artikel von minderer Qualität und gehen viel zu schnell kaputt. Irgendwann müssen Sie dann doch wieder vernünftige Produkte nachkaufen. Typisch für Sets ist auch, dass immer einiges mit dabei ist, was man gar nicht benötigt und was einfach nur Platz wegnimmt. Suchen Sie sich, zum Beispiel bei Küchenutensilien, lieber von Anfang an einen guten Hersteller mit qualitativ hochwertigen Produkten aus. Kaufen Sie dann nach und nach genau die Dinge, die Sie wirklich brauchen.

Blasen Sie die Prämienjagd ab

Ein weiteres Einfallstor für Sachen, die man nicht immer wirklich braucht, sind die vielen kostenlosen Dreingaben. Zum Beispiel »Geschenke«, die Sie zusätzlich zu Ihren eigentlichen Einkäufen erhalten, wenn Sie eine bestimmte Anzahl an Bonuspunkten beisammen haben. Vielleicht besitzen ja auch Sie eine Rabattkarte oder ein Gutscheinheft, mit dem Sie brav bei jedem Einkauf Punkte sammeln. Haben Sie dann wie wild geshoppt oder getankt und dabei auch immer an das jeweilige Heftchen oder Kärtchen gedacht, gibt es eine tolle Prämie. Vorausgesetzt, Sie waren geduldig genug. Denn bis Sie für die gesammelten Punkte überhaupt etwas bekommen, müssen Sie meist erst einmal eine ordentliche Einkaufssumme zusammengebracht haben.

Wenn man die ersehnte Prämie dann nach Hause getragen hat, stellt man beim Auspacken des 3-teiligen Reisekoffersets oder der elektrischen Pfeffermühle mit Beleuchtung jedoch nicht selten fest, dass man sich die Sachen selbst wohl nicht unbedingt gekauft hätte. Mal ist die Qualität doch nicht so hoch, wie das Foto im Couponheft uns weismachen wollte. Manchmal wird uns auch einfach klar, dass lediglich unser Jagdinstinkt angestachelt worden ist und wir den Krempel in Wahrheit gar nicht brauchen. Genießen Sie lieber, sich gar nicht erst fragen zu müssen, was Sie mit dem Billig-Mountainbike eigentlich anfangen sollen, das Sie nach zwei Jahren Punktesammeln schließlich in Empfang nehmen dürfen. Abgesehen davon schützen Sie sich mit dem Verzicht auf Rabattkarten und Prämienheftchen auch davor, dass Ihre Kauflaune unnötig angeheizt wird. Sie kommen gar nicht erst in Versuchung, im Baumarkt oder an der Tankstelle allein schon deshalb einen möglichst großen Einkauf zu machen, damit Ihr Punktekonto möglichst schnell anwächst.

Preisrecherche als Zeitvertreib – da wissen Sie Besseres!

Aber auch bei Anschaffungswünschen, die wirklich von Herzen kommen und wohl überlegt sind, kann uns auf der Zielgeraden doch noch der Hafer stechen. Zum Beispiel bei der Suche, wo es das gute Stück am günstigsten gibt. Selbst studierte Betriebswirte, die mit dem rechten Verhältnis von Aufwand und Ertrag eigentlich vertraut sein müssten, surfen dafür stundenlang von einem Internetshop zum anderen oder hetzen einen halben Vormittag lang durch das Getümmel der Einkaufszentren und Shoppingmeilen. Am Ende hat man für die neue Uhr vielleicht schlappe zehn Euro gespart, dafür mehrere Stunden Zeit, Geld für Benzin, Parkhäuser und Fahrkarten sowie reichlich Nerven geopfert. Wenn Ihnen dieser Einsatz irgendwie zu hoch vorkommt, behelfen Sie sich mit einer ganz einfachen Strategie: Setzen Sie sich ein Limit, wie lange Sie nach dem besten Angebot für einen bestimmten Artikel suchen werden. Geben Sie sich zum Beispiel maximal zwei Stunden. Wenn diese Frist abgelaufen ist, steuern Sie das Geschäft oder den Internetshop an, wo Sie das gesuchte Produkt bis dahin am günstigsten gesehen haben. In einem Geschäft können Sie dann immer noch mit dem Verkäufer um ein paar Prozente handeln. Freuen Sie sich, wenn Sie jetzt noch einen kleinen Nachlass bekommen. Falls es beim gleichen Preis bleibt, kaufen Sie trotzdem – und nutzen den Rest des Tages, Ihre neue Anschaffung in Ruhe zu genießen.

Wie schön: wenig Auswahl!

Kennen Sie das Gefühl, dass einen schon das Angebot eines mittleren Super- oder Elektrogroßmarkts förmlich erschlagen kann? Jede beliebige Kleinigkeit gibt es von zig verschiedenen Herstellern und in den unterschiedlichsten Varianten, Größen, Geschmacksrichtungen, Designs und, und, und. Schon rattert unser innerer Entscheidungscomputer wieder auf vollen Touren: 16 bit oder 32? Mallorca-gelb oder Irisch-grün? Extra-large oder classic? Mit »Aufbau-Vitaminen« oder ohne? Im Vorratspack oder zum Nachfüllen? Light, Medium oder King-Size? Mit DD13-Technologie oder MP3-kompatibel? Crunchy oder soft? Marke oder No-Name? Und dann wollten Sie ja auch noch die Inhaltsstoffe, Zusätze oder den Stromverbrauch unter die Lupe nehmen …

Manchmal kann es wundervoll sein, im Überfluss zu schwelgen. Oft ist es aber eher eine Wohltat, wenn Sie nicht ganz so vielen Regalkilometern gegenüberstehen. Kaufen Sie einmal bewusst dort ein, wo die Auswahl nicht ins Unendliche geht. Suchen Sie sich eher etwas kleinere Geschäfte, in denen Sie das Warenangebot möglichst rasch überblicken können und wo man Ihnen nicht auch noch diverse Aktionsartikel in den Weg stellt. Wenn Sie dennoch ab und zu eine der großen Einkaufskathedralen ansteuern: Beschränken Sie sich möglichst auf ein bestimmtes Haus oder eine Abteilung. Oder setzen Sie sich ein Zeitlimit, wie lange Sie sich dort aufhalten werden. Allein schon deshalb, weil die Aufmerksamkeit des Menschen spätestens nach einer Stunde langsam, aber sicher den Bach runtergeht, wie Sie bei jedem Vortrag gut beobachten können. Genießen Sie in vollen Zügen, wie viel entspannter Ihre Einkaufstouren mit dieser Taktik werden.

Warum kaufen Sie eigentlich?

Kaufen Sie möglichst nicht aus Langeweile oder um Ihren Frust zu bekämpfen – selbst wenn wir das alle hin und wieder einmal tun. Gerade auf diesem Weg können sich auf Dauer viele Dinge in Ihr Umfeld einschleichen, die sich langfristig nur wieder als Ballast entpuppen. Zum Beispiel der tolle Picknickkoffer im Sonderangebot, der nach zweimal Picknicken dann doch wieder in den Keller wanderte, um dort zu bleiben.

Ein bedenkliches, aber ebenfalls gar nicht so seltenes Motiv für Anschaffungen aller Art ist der Hintergedanke, andere damit zu beeindrucken: »Da werden die Nachbarn (Kollegen, Freundinnen) aber Augen machen.« So manche voluminöse Espressomaschine hat sich in den Küchen hierzulande allein deshalb breit gemacht, weil sie Gästen signalisieren soll, dass hier jemand Stil und Lebensart hat. Auch wenn die stolzen Besitzer Espresso gar nicht so gerne trinken. Und ihnen das viele Saubermachen und Entkalken schnell zu mühselig wird.

Heute Trend, morgen Tand

Ob das Tamagotchi, hochgestellte Zusatz-Bremslichter, der Wackel-Elvis oder Armbanduhren mit LCD-Anzeige: Allein in den letzten zwanzig Jahren gab es eine Fülle an Trendprodukten, die man zu einem gewissen Zeitpunkt »haben musste«. Heute hingegen kann sich so gut wie kein Mensch mehr daran erinnern. Wo sind all diese oft in millionenfacher Auflage hergestellten Dinge eigentlich gelandet? Ganz einfach, die meisten davon auf dem Müll – oder in der Vorstufe dazu, als vergessener Krimskrams in Schubladen, Kisten und Kellern, die irgendwann einmal ausgemistet werden.
Im Vergleich zu normalen Gebrauchsgegenständen haben Trendprodukte einen extrem kurzen Lebenszyklus. Zuerst schießen Sie in der Gunst des Publikums in kürzester Zeit steil hinauf. Und fallen danach umso heftiger wieder herunter. Ist ein Trendartikel erst einmal out – was oft schon nach wenigen Monaten der Fall ist –, kann man sich meist auch nicht mehr damit sehen lassen: »Bei der Heidi hängt immer noch dieser sprechende Fisch an der Wand – sieht ja echt peinlich aus!« Das heißt, selbst wenn das gute Stück noch bestens funktioniert, wird es nicht mehr benutzt. Stattdessen wandert es zum Gerümpel und früher oder später auf den Müll. Allein schon aus diesem Grund ist das Gros typischer Trendartikel eigentlich von Anfang an bereits Schrott, schon wenn die Sachen noch nagelneu im Geschäft auf ihre Käufer warten. Sie denken, ich verderbe Ihnen den Spaß? Entscheiden Sie selbst. Speziell in diesem Zusammenhang hat gelebte Lessness jedenfalls auch einen moralischen Charakter. Denn nur um für einen kurzlebigen Gag Millionen von Produkten unter das Volk zu streuen, sollten uns unsere Ressourcen wirklich zu schade sein.

Streichen Sie Shoppengehen als Freizeitbeschäftigung

Niemand will Ihnen Ihre Freizeitaktivitäten ausreden. Nur eine ist vielleicht ein bisschen gefährlich für ein Leben *less* – das Shoppen. Sie erinnern sich: Früher ging man einkaufen, wenn man etwas brauchte. Heute hingegen tut man es nicht selten aus reinem Zeitvertreib. Wir kaufen, um uns zu unterhalten. Leider bringt gerade dieses Vergnügen so manchen Krempel in Ihr Leben. Wenn wir Dinge vor allem deshalb kaufen, weil der Akt des Kaufens selbst den Großteil der Freude ausmacht, spielt der Nutzen der gekauften Ware nur die zweite Rolle. Anders gesagt: Der Spaß liegt beim Shoppen – ob wir den Haushalts-Ultraschallreiniger daheim überhaupt verwenden oder nicht, darüber machen wir uns erst mal keine Gedanken.

Fündig werden wir bei solchen Shoppingstreifzügen auf jeden Fall. Irgendwo lacht uns immer ein Schnäppchen aus den Regalen entgegen. Bettwäsche gibt es gerade preiswert im Angebot? Natürlich nehmen wir sie mit, obwohl zu Hause sieben Garnituren im Schrank liegen, die man in zwanzig Jahren nicht abwetzen kann. Im Elektrogroßmarkt steht ein neuer DVD-Spieler einladend angerichtet auf dem Podest? Da müssen wir zugreifen, auch wenn der Elektronik-Altar zu Hause längst komplett bestückt ist.

Gleiches gilt für den Online-Bummel durch die vielen Internetshops. Oft ist es einfach zu verlockend, die angepriesene Pflegeserie zum Vorteilspreis oder das DVD-Set schnell mal per Mausklick in den virtuellen Einkaufswagen zu befördern. Auch Flohmärkte, die man ohne konkretes Kaufziel zum Zeitvertreib besucht, sind für viele Menschen eine echte Versuchung für den inneren Sammeltrieb.

Noch gefährlicher wird das Ganze, wenn man nicht allein ist. Carina schlägt bereits im ersten Geschäft beim Designerkostüm zu, Frank lädt sich zwei Kisten Bordeaux auf den Einkaufswagen? Da schalten wir doch auch gleich mal einen Gang hoch. Schon beim Shoppingbummel zu zweit kommt auf diese Weise die Gruppendynamik ins Spiel. Als Team können wir uns gegenseitig zu regelrechten Einkaufsorgien animieren. Und nur wenige Menschen schaffen es, konsequent nichts zu kaufen, wenn der beste Freund oder die beste Freundin eine Tüte nach der anderen aus den Läden trägt. Auf die Spitze getrieben findet man dieses Phänomen übrigens bei den zahlreichen »Heimverkaufspartys«: Wer es hier schafft, trotz der gelösten Prosecco-Stimmung eisern zu bleiben – auch wenn die Freundin mahnt: »Nun komm schon, die Cremeserie ist es einfach!« –, muss schon sehr selbstbewusst sein.

Dabei fallen Ihnen für Ihre Freizeit vermutlich genügend andere Dinge ein, die Ihnen mindestens genauso viel Freude machen wie aus Spaß durch die Geschäfte zu ziehen. Sie wollen trotzdem hin und wieder in der Warenwelt schwelgen? Verlegen Sie sich einfach öfter mal auf eine gefahrlose Alternative, die Ihnen zwar nicht bei Internetshops, aber bei allen Geschäften in Ihrer Umgebung zur Verfügung steht: Ziehen Sie los, wenn die Läden geschlossen haben und machen Sie einen Schaufensterbummel. Jetzt liegt zwischen den vielen schönen Sachen und Ihnen erst einmal eine Fensterscheibe. Sie müssen sich die Sache zumindest bis zum nächsten Werktag noch einmal überlegen. Dann können Sie immer noch zugreifen, oder Sie haben Ihren Wunsch schon längst vergessen.

Freiheit für Ihre Freizeit

I can't get no satisfaction.
Mick Jagger

Ihre Freizeit: Das sind nicht nur sportliche Aktivitäten, Vereinsarbeit und Partys. Sondern auch Ihre Lieblingsserie im Fernsehen, die täglichen Nachrichten sowie ausgedehnte Surftrips im Internet. Zwischendurch programmieren Sie den DVD-Recorder oder studieren die Bedienungsanleitung für die neue High-Tech-Spülmaschine. Es sei denn, auf einmal klingelt Ihr Handy und ruft Sie zur nächsten Verabredung.

Dämmen Sie die Medienflut!

Werfen wir nicht morgens schon automatisch das Radio oder den Fernseher an? Können wir uns ein Frühstück ohne Zeitung vorstellen? Fühlen wir uns nicht irgendwie hinter dem Mond, wenn wir auf dem Büro-PC via Internet nicht immer die neuesten Nachrichten im Blick haben? Lassen wir uns abends nicht am liebsten von der Glotze berieseln oder von bunten Lifestylezeitschriften und Trendmagazinen? Ist doch alles ganz harmlos, denken Sie. Vielleicht. Aber auch die Informationen, Bilder und Geschichten, mit denen uns die Medien heute regelrecht überschütten, sind Produkte. Genauer gesagt: geistige Produkte, die wir Tag für Tag konsumieren. Häufig sogar, ohne es groß zu merken. Dafür in immer größerer Menge. Egal ob es um den aktuellen Schuhtick eines bekannten Hollywoodstars oder um einen Bombenanschlag geht – Nachrichten, Menschen und Geschichten werden uns heute nicht nur in immer mehr Fernsehsendungen, Zeitschriften und Internetforen stets aufs Neue präsentiert, sondern erscheinen zusehends auch an immer weiteren Ecken und Enden unseres Alltags. Zum Beispiel auf dem Infobildschirm am Bahnsteig oder per abonnierter News-SMS auf unserem Handy.

Eine Flut an Informationen, Gedanken und Ideen schwappt auf diese Weise täglich durch unser Leben. Und das kann für uns oft ziemlich belastend sein. Denn jeden einzelnen Inhalt muss unser Gehirn erst einmal registrieren, bewerten und kommentieren – selbst beim Sich-berieseln-Lassen vor dem Fernseher: Ist das relevant für mich? Finde ich das schön oder schrecklich? Hätte ich das nicht auch gern? Wieso bekommt der so viel Geld und ich nicht?

Dabei sind die Themen, die uns in den Medien tagein, tagaus vorgesetzt werden, nicht immer folgenlos. Wer zum Beispiel wochenlang in immer neuen Reportagen, Reality-Shows oder Internetbeiträgen die Vorteile einer Lippenvergrößerung oder des neuesten Mega-Geländewagens vorgeführt bekommt, fühlt über kurz oder lang vielleicht auch in sich den Wunsch danach aufkeimen – oder ist gefrustet, weil das Geld dafür nicht reicht. Manche Kultserien schaffen es sogar, Rollenvorstellungen für eine gesamte Generation zu prägen, die nicht immer der Weisheit letzter Schluss sind.

Zu allem Überfluss erscheint heute selbst der größte Unsinn in betont bedeutungsvoller Aufmachung: »Big-Brother-Stars zu Hause – da müssen Sie dabei sein!« Auch bei dem neuen Trend, dass Medien sich selbst zum Thema machen, kommt man sich als Zuschauer irgendwie veralbert vor. Da erscheint dann zum Beispiel in den abendlichen Fernsehnachrichten ein Bericht darüber, was beim gleichen Sender heute tagsüber in der Reality-Show passiert ist. Im Abendprogramm folgt eine Unterhaltungsshow, die vor allem daraus besteht, dass Promis die Handlungen der Reality-Show-Darsteller kommentieren. Tags darauf gibt es eine ausführliche Reportage darüber in der Klatschzeitschrift, die zum gleichen Konzern gehört wie der Sender. Herrscht gerade Flaute, wird notfalls auch ein kleiner Vorfall provoziert, und es folgt eine Skandal-Schlagzeile in der Boulevardpresse. Über die haben sich der Programmdirektor des TV-Senders und der Chefredakteur längst im Vorfeld abgesprochen, weil sich so die Quote der Reality-Show wie auch die Auflage des Straßenblattes steigern lassen.

Über die wirklich wichtigen Dinge erfahren wir dabei immer weniger. Und oft sind wir auch nur unnötig abgelenkt davon, uns mit uns selbst zu beschäftigen. Zum Beispiel unseren eigenen Weg zu finden, der vielleicht ganz anders aussieht als das ideale Karriere- oder Lebensmodell, das gerade im Fernsehen und im Blätterwald hochgehalten wird. Wie wäre es, auch einmal den Medienkonsum mit der Devise »Weniger ist mehr« zu betrachten?

Runter mit dem Nachrichtenverbrauch

Verfolgen Sie gewohnheitsmäßig die Nachrichten – im Fernsehen, in der Zeitung oder im Internet? Vielleicht haben Sie sich ja selbst im Stillen schon einmal gefragt, ob Sie diese Dinge wirklich immer wissen müssen. Was bringt es? Vermutlich ist Ihnen auch schon klar geworden, dass wir in Wahrheit gar nicht vollkommen informiert sein können, auch wenn wir das am Ende der Tagesschau oder der Mittagsnachrichten immer glauben. Es passiert einfach noch tausendmal mehr auf dem Globus. All die guten Nachrichten, die es zu berichten gäbe, fallen leider sogar komplett unter den Tisch. Sie verkaufen sich einfach nicht so gut.

Dabei kann langjähriger Nachrichtenkonsum durchaus seine Spuren hinterlassen. Ist Ihnen schon einmal aufgefallen, dass nicht wenige Menschen, die aus Gewohnheit regelmäßig und ausgiebig die Nachrichten verfolgen, im Laufe der Jahre und Jahrzehnte ein anderes Weltbild entwickeln? Oft genug wird die Welt auf Dauer automatisch aus einer immer negativeren Perspektive gesehen. Dann sind irgendwann *alle* Politiker korrupt und unfähig, herrscht auf den Straßen *nur noch* Kriminalität, hält sich *keiner* mehr an die Werte oder ist die Welt an und für sich schlecht.

Wen wundert's? Der allergrößte Teil der Nachrichten sind schließlich Informationen mit negativen Inhalten: politische Streits, Kriege, Attentate, Naturkatastrophen, Unfälle. Verstärkt wird die negative Wirkung eines hohen Nachrichtenverbrauchs durch das Gefühl der Hilflosigkeit, das oft entsteht, wenn immer neue Schreckensbilder über den Fernsehschirm toben. Berechtigt: Was kann man schon tun angesichts der zahllosen kleinen und großen Katastrophen, Verbrechen und Streits, die auf dem Globus passieren – und von denen uns die Nachrichtenmaschinerie rund um die Uhr noch aus den entlegensten Winkeln der Erde Bilder liefert? Die Wahrheit: Meistens so gut wie gar nichts.

Umso mehr bleiben dafür meist die Hintergründe auf der Strecke – *warum* ist etwas passiert, was bewegt die Menschen, die dahinter stehen? Kein Wunder: In der weltweit vernetzten Mediengesellschaft jagen sich die Ereignisse nun mal im Sekundentakt. Irgendwo passiert immer gerade etwas Neues. Selbst wenn Sie schlafen, ist es für Millionen von Menschen in anderen Zeitzonen gerade helllichter Tag. Dort geschieht genug, damit unsere Morgennachrichten wieder neues Futter haben. Oft sind die Ursachen eines Ereignisses auch zu kompliziert, verstrickt oder widersprüchlich, als dass man sie im klassischen Drei-Minuten-Beitrag der Fernsehnachrichten abhandeln könnte. Wissen Sie zum Beispiel wirklich etwas über die Hintergründe des Dauerkonflikts zwischen Israel und den Palästinensern? Oder kennen Sie die Grundlagen der Idee der Europäischen Union – selbst wenn Sie das aktuelle Geschehen dazu regelmäßig in den Nachrichten verfolgen?

Wie wäre es einmal mit einer Nachrichtendiät? Reduzieren Sie bewusst das Hören, Schauen und Lesen von Nachrichten, wenn Sie nicht gerade in einer Region leben, die aktuell bedroht oder in einem wichtigen Umbruch ist. Lassen Sie nicht mehr automatisch alle Meldungen in Ihr Leben herein. Vor allem nicht aus dem Fernsehen, denn hier sehen und hören Sie die Dinge gleichzeitig, und das erzeugt eine besonders intensive Wirkung. Es macht einfach einen Riesenunterschied, einen Unfall im Fernsehen zu sehen – Kamerazoom voll aufs Geschehen – oder darüber in der Zeitung zu lesen. Schalten Sie auch ruhig einmal um, wenn im Radio Nachrichten kommen. Sogar die Tageszeitung können Sie mal links liegen lassen. Sie müssen nicht jeden Tag über alles informiert sein. Freuen Sie sich, wie viel friedlicher Sie die Welt erleben und wie Ihnen so mancher Ärger erspart bleibt.

Ihre Wahl: ruhige Medien

Wenn Sie nicht ganz ohne Nachrichten leben wollen, wählen Sie einfach eines der klassischen Lessness-Medien: seriöse Tages- und vor allem Wochenzeitungen sowie gedruckte Nachrichtenmagazine. Hier können Sie selbst bestimmen, welche Nachrichten Sie aus dem Angebot, das Ihnen vorliegt, wirklich kennen wollen und welche nicht. Im Gegensatz zu Fernsehen und Radio, wo andere für Sie entschieden haben, was wichtig ist und was nicht, haben Sie damit zumindest wieder eine gewisse Wahlfreiheit. Und hier ist es auch Ihre eigene Entscheidung, wann und wo Sie die angebotenen Nachrichten aufnehmen wollen und wie intensiv: ob Ihnen die Schlagzeile schon reicht oder ob Sie einen ausführlichen Hintergrundbericht lesen möchten. Niemand belästigt Sie außerdem mit Versuchen, das Geschehen auch noch künstlich mit Showeffekten aufzuladen: Es gibt keine parallel zu den Nachrichten laufende, Spannung heischende Hintergrundmusik wie im Privatradio oder bei den »News-Shows« im Fernsehen, keine sensationslüsternen Riesenfarbbilder und Nahaufnahmen.

Vielleicht das Beste daran: Nachrichten aus gedruckten Medien aufzunehmen, erfordert mehr Aktivität von Ihnen. Statt nur zu schauen oder zu hören, müssen Sie lesen. Das kostet mehr Energie. Im Gegensatz zum Fernseher, vor dem man stundenlang hocken kann, auch wenn das Gehirn schon längst auf Overload steht, signalisiert Ihnen Ihr Geist dann allein schon auf der körperlichen Ebene, wann er satt ist: Sie werden irgendwann müde. Das hilft, dass Ihr Nachrichtenkonsum im Rahmen bleibt und Sie die Zeitung zur rechten Zeit wieder weglegen.

Falls Sie bisher vor dicken Zeitungen zurückschreckten (»Das schaffe ich doch niemals alles zu lesen!«): Reduzieren Sie Ihr Abonnement einfach auf die Freitags- und Samstagsausgaben. Dann haben Sie nur noch zwei Zeitungen pro Woche. Diese können Sie dann, über sieben Tage verteilt, so gründlich oder selektiv lesen, wie Sie wollen. Keine Sorge: Selbst diese zwei Exemplare pro Woche reichen schon, damit Sie über die wichtigsten Dinge informiert sind. Was von Sonntag bis Donnerstag geschehen ist, können Sie der Wochenrückschau entnehmen, die jede gute Tageszeitung in der Samstagsausgabe enthält. Ähnlich gut eignet sich auch eine anständige Wochenzeitung. Wofür auch immer Sie sich entscheiden: Auf diese Weise haben Sie wieder mehr geistige Kapazitäten frei, um sich intensiver über die Hintergründe zu informieren, wenn Sie ein Ereignis wirklich interessiert. Zum Beispiel, indem Sie zu diesem Thema dann ein fundiertes Sachbuch lesen.

Gewalt zur Unterhaltung? Das ersparen Sie sich!

Auch als Unterhaltungsmedium ist das Fernsehen für einen Lessnesser vielleicht nicht immer die erste Wahl. Das schwummrige Gefühl, das die vielen seichten Serien und Comedy-Shows hinterlassen, wenn man längere Zeit davor gesessen hat, ist vielleicht noch ganz harmlos. Etwas bedenklicher ist die Gewalt, die in nicht wenigen Filmen als Mittel zur Unterhaltung dient. Achten Sie dabei einmal bewusster auf Ihre Reaktionen und Gefühle. Wenn Sie merken, dass Ihre Stimmung darunter eher leidet, schalten Sie künftig öfter um, sobald körperliche oder psychische Gewalt zu sehr ausufert.

Wo ist der Fernseher?

Schränken Sie als Lessnesser am besten auch den Zugang zum Fernseher ein. Integrieren Sie die Flimmerkiste möglichst unauffällig in Ihr Wohnumfeld, sodass das Gerät nicht gleich wie ein Hausaltar wirkt. Richten Sie zum Beispiel im Wohnzimmer die Sitzgruppe nicht auf den Fernseher aus. Das ist nicht nur wesentlich stilvoller, sondern gibt abendlichen Besuchern auch nicht gleich das Gefühl, dass Sie Ihren Gästen zuliebe gerade auf eine bestimmte Fernsehsendung verzichten. Stellen Sie den Fernseher außerdem so auf, dass das Gerät von Ihrem Essplatz aus nicht zu sehen und am besten auch nicht zu hören ist. Erklären Sie Ihr Schlafzimmer zum Tabuaum für Fernseher. Wenn Sie genügend Platz haben, richten Sie ein eigenes Fernsehzimmer ein, in dem nur ferngesehen wird und sonst nichts. Dann kann die Glotze Sie nicht bei anderen Tätigkeiten stören oder Ihre Aufmerksamkeit herabsetzen. Vielleicht wagen Sie ja einmal auch das Abenteuer, eine Zeit lang in einer komplett fernseherfreien Wohnung zu leben?

Werbung? Lassen Sie den Vorhang fallen!

Wie halten Sie es eigentlich mit der Werbung? Selbst wenn sich heute die meisten Medien durch Werbung finanzieren, heißt das noch lange nicht, dass Sie auch automatisch alles über sich ergehen lassen müssen. Das gilt gerade im Fernsehen: Allein schon weil die meisten

Spots einfach nur plump und langweilig sind – spätestens dann, wenn man sie Ihnen zum hundertsten Mal vorsetzt –, sollten Sie Werbung möglichst häufig ausblenden. Schalten Sie einfach auf einen anderen Kanal um oder stellen Sie zumindest den Ton stumm. Sich Fernsehwerbung ohne Ton anzuschauen, kann manchmal sehr amüsant sein. Eine Ausnahme können Sie machen, wenn Sie gerade wirklich Lust darauf haben, Werbung zu schauen, oder wenn Sie sehen wollen, was es Neues gibt. Kaufen Sie sich auch beim Radio ein Modell mit Fernbedienung, damit Sie jederzeit den Ton abstellen oder umschalten können, wenn sich der nächste Werbeblock ankündigt.

Bannen Sie Lifestyleblätter

Wenn Sie Ihren Medienkonsum auf *less* schalten wollen, sollten Sie auch Frauen- und Männermagazine lieber etwas seltener zur Hand nehmen. Lassen Sie auch derartige Foren und Themenseiten im Internet öfter links liegen. Nicht wenige dieser Blätter und Webmagazine sind reine Abdruckstellen für kaum überarbeitete Pressemitteilungen von Unternehmen – und damit eigentlich Werbeprospekte, die als journalistische Arbeit getarnt sind. Viele Berichte, die redaktionell aufgemacht sind, wurden in Wahrheit von so genannten PR-Agenturen ersonnen. Diese Agenturen erhalten von Unternehmen den Auftrag, Produkte in Geschichten zu verpacken, die bei Journalisten auf Interesse stoßen. Am besten so gekonnt, dass das Produkt einerseits genannt und vorgestellt werden muss, das Ganze auf der anderen Seite aber noch nicht zu sehr nach Werbung aussieht.

Während Sie also vielleicht glauben, gerade einen sachlich recherchierten Beitrag eines Journalisten zu lesen, und folglich annehmen, die angepriesene japanische Gesichtscreme sei wirklich eine so revolutionäre Erfindung, wie im Bericht behauptet wird, kann es sein, dass der Beitrag in Wahrheit von einer PR-Agentur lanciert wurde. Dass gleichzeitig die Ressortleiterin der Zeitschrift ein paar Tage vorher auf einer »Informationsveranstaltung« in Tokio geladen war – natürlich auf Kosten des Herstellers der Gesichtscreme –, wissen Sie hingegen nicht. Genauso wenig ahnen Sie, dass der Marketingleiter des Cremefabrikanten für die nächsten zehn Ausgaben jeweils zwei volle Anzeigenseiten gebucht hat – was der Veröffentlichung der Geschichte dann doch irgendwie dienlich war.

Natürlich läuft dies in Wahrheit nicht immer so platt ab. (Wie Insider wissen, kennt der Gefälligkeitsjournalismus ja noch ganz andere Spielarten.) Das ändert jedoch nichts an der Tatsache, dass immer mehr Lifestylezeitschriften sowie Internetmagazine auf solche Weise ihre Seiten füllen. Schließlich ist diese Methode ja auch billiger, als ausgebildete Vollblutjournalisten anzustellen. Den schwarzen Peter bekommen leider Sie als Leser zugeschoben: Während wir Werbung in Form von Anzeigen klar erkennen und uns dabei immer bewusst ist, dass hier ein Unternehmen für sich und seine Produkte wirbt, vertrauen wir im redaktionellen Teil darauf, dass uns niemand einseitig beeinflussen will.

Zum Glück gibt's Bücher

Welches Unterhaltungsmedium ist eigentlich noch richtig *less*? Ganz einfach: Bücher! Das beginnt schon bei den praktischen Faktoren: Bücher funktionieren ohne Strom, brauchen nur minimal Platz und kosten keine Gebühren. Und sie sind auch sonst ein preiswertes Vergnügen. Wenn Sie einmal auf einen Bücherflohmarkt gehen, werden Sie staunen, wie günstig gebrauchte, gut erhaltene Bücher zu haben sind – selbst echte Klassiker und Meisterwerke der Literatur. Ohne große Kosten kommen Sie an Bücher auch in jeder Bücherei.

Die Art, wie Sie unterhalten werden, ist bei Büchern ebenfalls angenehm *less*: Hier werden Ihre Sinne lange nicht so intensiv bombardiert wie etwa im Fernsehen. Niemand unterbricht die Handlung mit Werbepausen. Dafür regen Bücher etwas anderes umso stärker an, vor allem Erzählungen und Romane: Ihre Phantasie und Ihr Vorstellungsvermögen. Denn hier bastelt sich Ihr Gehirn seinen eigenen Film zu der Handlung, über die Sie gerade lesen. Deshalb ist man beim Bücherlesen auch viel aktiver. Sie können sich davon nicht berieseln lassen wie beim Fernsehen. Und so schützt Sie Ihr Körper auch hier wieder davor, eine Überdosis an Eindrücken zu schlucken. Wenn es genug ist, werden Sie einfach müde – und legen das Buch beizeiten weg.

Erstklassige Unterhaltung bieten auch gut geschriebene Sachbücher. Bei vielen Themen – zum Beispiel Gesundheit oder Finanzen – ist ein brauchbares Sachbuch oft die bessere Alternative zum Abo einer Special-Interest-Zeitschrift oder zu den eher oberflächlichen

Ratgebermagazinen im Privatfernsehen. Meist sind Sachbücher wesentlich besser recherchiert und gehen sehr viel mehr in die Tiefe. Und sie stehen jederzeit bereit, wenn Sie bestimmte Inhalte noch einmal nachlesen wollen.

Sie haben schon länger kein Buch mehr in der Hand gehabt? Vielleicht fangen Sie ja gleich heute an, dieses Lessness-Unterhaltungsmedium wieder neu zu entdecken. Das geht sogar, wenn Sie dafür im ersten Schritt noch kein Geld ausgeben möchten: Lesen Sie einfach erst einmal alle Bücher, die bei Ihnen zu Hause sind. Auch wenn Sie sie damit zum zweiten Mal lesen. Auf diese Weise schlagen Sie zwei Fliegen mit einer Klappe: Zum einen haben Sie für die nächsten Wochen oder Monate genügend Unterhaltung zur Hand. Wenn Sie danach alle Bücher, die Ihnen nicht mehr gefallen haben, weggeben und nur die guten behalten, gewinnen Sie gleichzeitig auch wieder mehr Platz.

Möglicherweise bekommen Sie im Laufe der Zeit Lust darauf, sich eine kleine Bibliothek weiser Bücher zuzulegen, in denen man immer wieder lesen kann. Schon eine kleine Sammlung der wichtigsten Werke großer Denker, Meister und Lebensphilosophen bietet mehr Inhalt und Tiefgang als alle Ratgeberspalten aus Illustrierten und Lifestylezeitschriften zusammen. Lassen Sie sich nicht abschrecken, wenn manche Titel vielleicht schon mehrere hundert oder tausend Jahre alt sind. Die Inhalte sind meist nach wie vor hochaktuell. Ein guter Einstieg ist zum Beispiel das berühmte *Handorakel* des spanischen Jesuitenpaters Gracian: Ein kleines Buch, das auf wenigen Seiten eine Fülle an Lebensklugheit enthält. Regelmäßig in solchen Büchern zu lesen, liefert Ihnen immer wieder nützliche Antworten auf die Fragen, die das Leben aufwirft, und gibt Ihnen einfach mehr Klarheit.

Vielleicht möchten Sie auch mehr darüber erfahren, woher Sie kommen und was Ihre Umgebung in der Vergangenheit geprägt hat. Besorgen Sie sich einfach ein Buch über die Geschichte Ihrer unmittelbaren Heimatregion oder über die Stadt, in der Sie aufgewachsen sind (Berlin, Kurpfalz, Kraichgau), oder vielleicht ein Buch über die Geschichte Ihres »Stammes« (z.B. Bayern, Lombarden). Auch eine Geschichte Deutschlands oder Europas kann zur spannenden Lektüre werden. Schaffen Sie sich dabei aber nun nicht gerade umfangreiche, eng bedruckte Handbücher an und auch nicht zu viele Bücher über das gleiche Thema. Umso lieber werden Sie darin schmökern und mehr und mehr Zusammenhänge erkennen.

Schluss mit kreischigen Radiosendern!
Sie lassen nebenbei auch gern mal das Radio laufen? Noch ein Medium, das Sie auf *less* stellen können, wenn Sie möchten. Zum Beispiel, indem Sie den Sender wechseln. Mittlerweile finden Sie auch in Deutschland im Kabelnetz vieler Städte und Regionen Sender, die bewusst nur wenig Werbung und Nachrichten senden. Von aufgekratzten Hörergewinnspielen und ähnlichen Dingen werden Sie hier meist verschont. Das Musikprogramm ist mit einer guten Mischung aus ruhigem Soul und leichtem Jazz angenehm relaxed, oder es bietet Ihnen entspannende Klassik. Wie so etwas klingt, können Sie zum Beispiel bei Radio Deluxe (*www.radiodeluxe.de*) oder Klassik Radio (*www.klassikradio.de*) hören. Falls an Ihrem Wohnort kein solcher Sender zu empfangen ist: Mit ein wenig technischem Geschick und einem PC oder Laptop samt Internetzugang können Sie immer mehr Radiostationen dieser Art aus der ganzen Welt auch als Livestream aus dem Internet hören. Hier gibt es übrigens auch sonst wahre Schätze zu entdecken. Per Internetradio können Sie sich nämlich in die Musikwelten rund um den Globus hineinhören, von Jahr zu Jahr in größerer Auswahl und besserer Qualität. Eine gute Möglichkeit, öfter einmal der Dominanz der englischsprachigen Musik zu entkommen – denn auch aus Brasilien, Kuba, Indien oder den arabischen Ländern kommt mitreißender Sound.

Vorsprung durch weniger Technik

Allein in den letzten beiden Jahrzehnten hat uns eine gigantische Welle an technischen Neuerungen überrollt. Heute gehört zu unserer Technikausstattung gleich eine ganze Batterie von Geräten: Handys, Organizer, Radios, Fernseher, PCs, Laptops sowie die vielen kleinen und großen Haushalts- und Unterhaltungselektronik-Geräte. Nicht wenige davon nötigen uns allerdings nur wieder zum Studieren seitenlanger Bedienungsanleitungen, wollen programmiert werden oder überraschen regelmäßig mit unverständlichen Fehlermeldungen. Hinzu kommt eine Flut von immer neuen Funktionen, die in den Tüftlerlaboren der Hersteller ersonnen werden. Reichten einst bei Küchenmaschinen, HiFi-Anlagen oder Autos noch Knöpfe und Hebelchen aus, um alle Fähigkeiten einsetzen zu können, so fordern uns heute immer mehr Gerätschaften mit einer menügesteuerten Bedienung heraus, die nicht immer leicht zu durchschauen ist: »Bestimmen Sie im Untermenü S18a die Lautstärke für den Quittierungston ...« Wer es noch spannender haben will, der drückt dann im richtigen Moment die falsche Taste, vergisst den PIN-Code (»Gerät gesperrt. Bitte wenden Sie sich an den Hersteller«) oder startet den Versuch, das gute Stück reparieren zu lassen. Der Erfolg: »Klarer Fehler in der Software – da kann man nix mehr machen ...« Alles doch nicht so schlimm? Wenn man sich nur mit zwei, drei Geräten auseinander setzen muss, hält sich der Stress sicherlich in Grenzen. Falls jedoch auch Sie von der heute üblichen Vielzahl an technischen Objekten umgeben sind, wissen Sie vermutlich, dass das viele Programmieren, Bedienen, Menülesen und Fehlersuchen sich irgendwann doch einmal zu einem ganz schönen Aufwand summieren kann.

Weniger Geräte, weniger Funktionen

Natürlich: Ganz ohne die Vorzüge der modernen Technik will heute niemand mehr leben. Damit aus der Lust keine Last wird, reicht es schon, wenn Sie immer genau überlegen, welche Geräte Sie wirklich haben möchten. Vielleicht müssen es ja zu Hause nicht gleich drei Fernseher sein. Möglicherweise wollen Sie gar nicht jederzeit überall telefonisch erreichbar sein, Ihre E-Mails beim Skiausflug lesen oder den Pfeffer auf Ihre Spaghetti elektrisch gemahlen bekommen. Auch wenn all die Maschinchen und Entwicklungen dafür inzwischen verfügbar sind und nicht die Welt kosten.

Achten Sie bei allem, was Sie sich zulegen, darauf, dass es möglichst »schlank« ist. Das heißt, dass es möglichst nur das kann, woran Sie bei der Anschaffung gedacht haben. Wenn Sie mit Ihrem Handy einfach nur telefonieren möchten, dann wählen Sie das Modell, das seine Talente am ehesten auf diese Anwendung beschränkt. Brauchen Sie in der Küche eigentlich nur einen elektrischen Helfer, um schnell eine Suppe oder Soßen zu pürieren, tut es auch ein klassischer Stabmixer anstelle des Multifunktionsgeräts mit fünfzehn verschiedenen Zubehörteilen und Aufsätzen.

Genießen Sie das gute Gefühl, keine überflüssigen Extras verstehen und bedienen lernen zu müssen. Im Zweifelsfall bleibt Ihnen auch langes Suchen und Fehlerbeheben erspart, wenn zum Beispiel wegen irgendeiner Taste, die Sie irrtümlich gedrückt haben, plötzlich Alarm-Piepgeräusche loströten, die Lieder auf Ihrer CD auf einmal wild durcheinander gespielt werden oder nachts mit einem Satz das Radio angeht.

Nicht ganz so neu ist meistens besser

Gerade bei Technikprodukten und Unterhaltungselektronik macht es auch Sinn, nie das jeweils Neueste zu kaufen – es sei denn, Sie sind ein erklärter Technikfreak. Erinnern Sie sich noch an die horrenden Preise für Videorecorder oder DVD-Spieler, als diese gerade neu auf den Markt kamen? Ärgerlich ist nicht nur, dass Sie für solche State-of-the-Art-Geräte oder Funktionen meist eine Stange Geld loswerden – wegen des enorm schnellen technischen Fortschritts ist hier auch der Preisverfall oft extrem hoch. Für eine bestimmte Technologie oder -Funktion, die heute technisch brandneu ist und teuer verkauft wird, zahlen Sie vielleicht schon in einem Jahr nur noch einen Bruchteil des heutigen Preises, weil die Innovation von heute bis dahin schon Standard sein kann. Nicht selten entpuppen sich manche technischen Neuerungen auch als Rohrkrepierer, weil sie in Wahrheit kein Mensch wirklich braucht. Denken Sie nur an das WAP-fähige Handy.

Viele Menschen benutzen das Geld, das sie nicht haben,
für den Einkauf von Dingen, die sie nicht brauchen,
um damit Leuten zu imponieren, die sie nicht mögen.
Walter Slezak

Vor allem bei Handys, PCs und Laptops kann man mit schöner Regelmäßigkeit beobachten, wie schnell aus der technischen Höchstleistung von heute Schnee von gestern wird. Nur ein bis zwei Jahre dauert es, bis sich ein 400-Euro-Handy in ein mehr oder minder wertloses Stück Elektronik verwandelt hat. Lassen Sie die teuren High-End-Produkte im Zweifelsfall einfach links liegen. Genießen Sie lieber das gute Gefühl, sich neben dem kostspieligen Aufpreis auch so manches Mal die Rolle des unfreiwilligen Produkttesters gespart zu haben. Denn viele Neuheiten kommen heute nicht unbedingt voll ausgereift auf den Markt.

Krachmacher müssen draußen bleiben

Ein Lessness-Kaufkriterium bei elektrischen und elektronischen Geräten ist auch das Thema Geräuschentwicklung. Wenn Sie sich zum Beispiel einen neuen PC kaufen, achten Sie darauf, dass er mit einem möglichst leisen Lüfter ausgestattet ist. Auch bei Staubsaugern, Kühlschränken oder Küchenmaschinen gibt es sowohl Krachmacher als auch Leiseschnurrer. Prüfen Sie schnurlose Telefone, Handys oder Faxgeräte und andere Geräte auch daraufhin, dass sich unnötige Funktions- und Quittierungstöne, wenn man eine Taste drückt, wenigstens ausschalten lassen.

Auch bei den Klingelsignalen Ihrer Telefone sollten Sie wählerisch sein. Gerade wenn Sie ein Festnetztelefon kaufen, testen Sie im Laden am besten den Klingelsound. Vor allem bei Billigtelefonen gibt es erstaunlich unangenehme Läutsignale, die man zu allem Übel meist nicht einmal richtig leise stellen kann. Hier kann sich der Kauf eines soliden Markengerätes wirklich lohnen. Zu Hause stellen Sie das Läutgeräusch möglichst leise ein. Überlassen Sie auch das aufgeregte Fuchteln mit kreischenden Mobiltelefonen lieber Ihren Mitmenschen. So gut wie jedes Handymodell hat heute zumindest eine oder zwei dezente Varianten als Klingelton auf Lager, die im Vergleich zu den vielen Mozart- und Pop-Klingeltönen deutlich leiser und unauffälliger sind. Ein dezentes Handyläuten wirkt außerdem wesentlich eleganter und stilvoller, denn auch das Handy-Klingelsignal ist ein Ausdruck Ihres persönlichen Stils. Genießen Sie es, wie rücksichtsvoll leise Sie auf einen Anruf aufmerksam gemacht werden. Auf Ihren Nachttisch stellen Sie dann noch den leisesten Wecker, den Sie finden können. Schließlich tickt das gute Stück täglich mindestens sieben Stunden direkt neben Ihrem Kopf – und das auch noch in dem Tagesabschnitt, in dem sich Ihr Körper erholt.

Auch beim Design geht es *less*

Angenehm ist auch ein klares Design, das unauffällig und schlicht ist. Schließlich haben Sie die meisten Ihrer technischen Gerätschaften vermutlich mehrmals täglich vor Augen. Ein zeitloses Aussehen verlängert übrigens auch die Haltbarkeit so mancher Errungenschaft: Sonst muss man nämlich viele Sachen schon allein aus Stilgründen irgendwann entsorgen, weil man das ehemals »aktuelle« Design einfach nicht mehr erträgt. Legen Sie auch Wert auf Geräte, die möglichst klein und kompakt sind, so dass sie nicht mehr Platz wegnehmen als unbedingt nötig.

Achten Sie auf die Bedienungsanleitung

Auch die Bedienungsanleitung trägt zur Lessness-Qualität von technischen Produkten bei – denn selbst Geräte, die lange Zeit problemlos laufen, können sich in unglaubliche Ärgernisse verwandeln, sobald eine Macke auftaucht. Zum Beispiel, wenn Sie versehentlich einen falschen Knopf gedrückt haben und die Anleitung Ihnen die Lösung partout nicht verraten will, weil das Übersetzungsbüro in Korea vielleicht nicht mit allen Feinheiten der deutschen Sprache vertraut war. Nehmen Sie deshalb, gerade bei komplizierteren Geräten, vor dem Kauf immer auch die Bedienungsanleitung unter die Lupe. Im Idealfall ist sie so einfach, klar und übersichtlich, dass Sie das Gerät gleich beim ersten Einsatz problemlos selbst einstellen können und auch jede nachträgliche Änderung ohne Ingenieurstudium möglich ist. Damit Sie das gesuchte Druckwerk immer gleich finden, wenn's brennt, bewahren Sie alle Bedienungsanleitungen am besten an einem festen Platz auf.

Seien Sie weniger elektronisch erreichbar

Vielleicht beschließen Sie im Rahmen von Lessness, künftig auch bewusst weniger elektronisch erreichbar zu sein. Immer und überall angerufen werden zu können zum Beispiel war früher einmal ein echter Traum – als es das Handy noch nicht gab und niemand wusste, dass dies auch seine Schattenseiten hat. Heute kann man selbst in der einsamsten Berghütte oder beim romantischsten Kerzenlicht-Dinner jederzeit vom Chef oder den Freundinnen angebimmelt werden. Auch längere und tiefgründigere Gespräche zu führen ist heute nicht mehr so leicht, wenn auch nur ein Gesprächspartner ein Handy auf dem Tisch liegen hat, das mit immer neuen Anrufen oder SMS regelmäßig dazwischenfunkt: »'tschuldige, muss nur schnell die Conny zurückrufen ...« Manch einer wird sogar regelrecht nervös, wenn auf dem Handy längere Zeit keine Nachrichten und Anrufe eingehen: »Mögen die mich jetzt nicht mehr oder warum meldet sich keiner?«

Falls Sie auch zu denen gehören, die Ihr Handy gewohnheitsmäßig die ganze Zeit angeschaltet haben: Wer sagt eigentlich, dass Sie immer auf Empfang sein müssen – außer vielleicht Ihre innere »Du-könntest-etwas-versäumen«-Stimme? Gönnen Sie sich hin und wieder ruhig einen Ausflug in die Zeit, als Sie vom Handy noch nichts ahnten. Richten Sie sich konsequent Orte und Zeitzonen in Ihrem Leben ein, an denen Sie nicht erreichbar sind. Stellen Sie zum Beispiel abends ab einer gewissen Uhrzeit das Handy ab. Schalten Sie es im Urlaub so selten wie möglich an. Wie bei so vielen vermeintlich unentbehrlichen Dingen muss man sich auch beim Handy im Zweifelsfall nur an eine ganz einfache Tatsache erinnern: Früher ging es auch ohne.

Checken Sie auch Ihre E-Mails in einem gesunden Rhythmus. Teilen Sie Ihrer Familie sowie Ihren Freunden und Bekannten mit, dass Sie Ihre privaten Mails nicht permanent im Blick haben und deshalb auch nie sofort antworten können. Dann werden Sie per E-Mail keine kurzfristigen Anfragen mehr erhalten wie »Picknick in zwei Stunden. Lust?« – und Sie haben nicht den Druck, Ihr Mailkonto allein schon deshalb regelmäßig abfragen zu müssen.

Genauso wenig sollte Sie Ihr System an Benachrichtigern für Anrufe und Mitteilungen im Übermaß beschäftigen. Auch wenn es verführerisch ist, sämtliche Nachrichten auf dem Anrufbeantworter und der Handy-Mailbox jederzeit und sofort abzufragen: Häufig erfahren Sie dann doch nur, dass jemand Sie sprechen wollte und Sie nicht erreichen konnte: »Hallo Jule, wollte fragen wie's so geht, aber jetzt bist du ja nicht da ...«

Reduzieren Sie die Zahl Ihrer Anmeldungen bei Internetforen, Webdienstleistern und Newslettern

Wissen Sie eigentlich, bei wie vielen Diensten, Foren und Services Sie im Internet angemeldet sind? Auch hier lohnt es sich, Ihre Eintragungen möglichst überschaubar zu halten. Vor allem bei jenen Diensten, für die Sie Kennwörter oder Zugangscodes benötigen. Denn auch das ist eine Form von Besitz, den Sie organisieren und verwalten müssen. Und der äußerst nervenaufreibend werden kann, wenn einmal etwas verloren geht. Notieren Sie alle Anmeldungen samt Kennwörtern und Codes möglichst an zentraler Stelle, beispielsweise in einer Datei auf Ihrem PC. Melden Sie sich bei allen Services ab, die Sie nicht nutzen.

Bestellen Sie auch alle Newsletter wieder ab, die nur Werbung enthalten oder mehr Informationen liefern, als Sie aufnehmen können. Wenn Sie im Internet bei Unternehmen einkaufen oder auf sonstige Weise bei einem Webunternehmen als Kunde oder Nutzer angemeldet sind, streichen Sie in Ihrem Kundenkonto im Menü »Persönliche Einstellungen« alle angebotenen regelmäßigen Werbe- und Informationsdienste, wenn Sie sie nicht wirklich haben wollen. Damit tragen Sie erheblich dazu bei, dass Ihr E-Mail-Postfach so wenig wie möglich mit unwichtigen Nachrichten belastet wird.

Muss eigentlich immer Action sein?

Eigentlich kommt der Begriff Freizeit von freier Zeit. Doch wie viel bleibt Ihnen davon eigentlich noch übrig – angesichts der unglaublichen Menge an Möglichkeiten, diese Zeit gleich wieder mit Aktivitäten zu füllen? Vielleicht erleben ja auch Sie, dass Ihnen schon ein x-beliebiges Wochenende eine ganze Latte an Entscheidungen abfordert, als ob Sie davon im Alltag nicht schon genug hätten: Auf das Konzert oder ins Theater? Mountainbiken oder Wildwasser-Raften? Wellness auf dem Land oder Nachtleben in der Stadt? Party bei Tom oder Cocktailabend mit Tina? Mit dem Billigflieger nach Rom düsen oder mit der besten Freundin shoppen gehen? Im Stadion die Lieblingsmannschaft anfeuern oder mit dem Motorrad durch die Gegend cruisen? Die Tante im Nachbarort besuchen oder den Freundeskreis zur DVD-Party einladen? Und eigentlich müssten Sie ja auch mal den Anrufbeantworter programmieren, die ganzen E-Mails beantworten, ein paar »Hallo-wie-geht's-dir«-Anrufe tätigen, die Post durchsehen, im Internet das aktuelle Erfolgsbuch bestellen, die neue Multifunktions-Küchenmaschine wenigstens auspacken, raus aufs Land oder rein in die Stadt fahren, das Auto waschen – und überhaupt endlich mal Tango tanzen, Sushi rollen, Spanisch, Tai Chi und all die anderen vielen tollen Sachen lernen.

Tun Sie einfach mal nichts

Wer sagt uns eigentlich noch, dass man in der Freizeit auch einfach mal nichts tun kann? Es stimmt schon: heute so gut wie niemand. Deshalb ist es jedoch kein bisschen weniger richtig, in den freien Stunden auch einmal einen Gang zurückzuschalten. Finden Sie hin und wieder den Mut zum bewussten Abhängen! Erlauben Sie sich, zur rechten Zeit, das Gegenteil vom angesagten Freizeitaktivismus: indem Sie bewusst nichts tun, alle Erlebnisangebote ringsherum konsequent ignorieren und einfach nichts erleben wollen.

Vertrödeln Sie den Tag, schmökern Sie in Ruhe in einem Buch, legen Sie sich in die Hängematte, oder wandern Sie ziellos durch Wald und Flur und lassen sich einfach treiben. Bleiben Sie auch abends bewusst tatenlos zu Hause – auch wenn Wochenende ist und auf dem Handy eine »Hier-ist-super-Stimmung-was-ist-mit-dir?«-SMS nach der anderen eintrifft.

Genießen Sie es, dass Ihnen das ganze Drumherum auch mal erspart bleibt: »Du, mein Exfreund ist auch auf der Party.« – »Zwei Rotwein und eine Flasche Wasser? Macht zweiundzwanzig fünfzig, bitte.« – »Bei diesem Stau kommen wir nie pünktlich an.« Bewusst nichts zu tun, freie Zeit einmal einfach so vergehen zu lassen und ihr dabei zuzuschauen, kann wunderbar entspannend sein. Und wenn Sie sich das nächste Mal vom Unternehmungsgeist wieder packen lassen wollen, machen Ihnen die Sachen umso mehr Spaß.

Ein Hoch auf die Langeweile

Menschen, die in der Freizeit die Kunst des gepflegten Müßiggangs beherrschen, sind irgendwie selten geworden. Warum fällt uns das Nichtstun eigentlich so schwer, nachdem wir unsere Arbeit und unsere sonstigen Verpflichtungen erledigt haben? Vielleicht ist es unsere Angst vor der Langeweile? Nun ja, heute herrscht nun mal die Devise »Nur Action ist gut«. Wer nichts tut, langweilt sich doch. Und, noch schlimmer, er ist auch selbst langweilig. Igitt! Also stürzen wir uns lieber in immer neue Aktivitäten oder kaufen uns noch ein weiteres Freizeitprodukt, falls sich Langeweile auch nur ansatzweise ankündigt. Wie wäre es, das Sichlangweilen einmal mit anderen Augen zu sehen?

Betrachten Sie es so, dass Sie an der Langeweile Ihren Wohlstand ablesen können – Ihren Reichtum an freier Zeit! Nur wer nicht mit Verpflichtungen und Aufgaben überhäuft ist, hat überhaupt die nötige freie Zeit, um sich zu langweilen. Wenn Sie also das nächste Mal Langeweile in sich verspüren: Kosten Sie diesen Zustand einmal ganz bewusst aus und genießen Sie Ihren Zeit-Reichtum in vollen Zügen.

Sie fangen etwas Neues an? Ein altes Hobby endet!

Pflegen Sie in Ihrer Freizeit bereits mehrere verschiedene Hobbys und Vorlieben? Achten Sie einfach darauf, dass die Summe Ihrer Aktivitäten möglichst immer gleich bleibt. Vor allem, wenn Sie nicht über schier unendlich viel Freizeit verfügen, sondern Ihr Budget an freien Stunden schon ziemlich ausgeschöpft ist. Geben Sie immer eine gewohnte Beschäftigung auf oder fahren Sie sie bewusst zurück, sobald Sie sich ein neues Steckenpferd suchen.

Wenn Sie sich voller Freude in Ihr neues Hobby Gartenarbeit stürzen, mäßigen Sie dafür Ihren Ehrgeiz, regelmäßig groß für Ihre Gäste aufzukochen. Wenn Sie sich ein Mountainbike zulegen, muss vielleicht das Motorradfahren eine Zeit lang dran glauben. Wenn Sie Ihren Keller zur Töpferwerkstatt hochrüsten, lassen Sie dafür eine Vereinsmitgliedschaft ruhen.

Machen Sie Ihre Freizeit wieder freier!

Sollten Sie jetzt gerade merken, dass Sie sich ganz schön viele Hobbys und Freizeitverpflichtungen aufgebürdet haben, ist es vielleicht eine gute Idee, einmal die eine oder andere Tätigkeit abzulegen und wieder mehr Freiraum für sich selbst zu schaffen. Möglicherweise zeigt Ihnen schon der Blick auf die vielen Sportausrüstungen oder Werkzeugsammlungen, die Ihren Keller füllen, dass in Ihrer Freizeit der Anteil der tatsächlich freien Zeit doch arg klein geworden ist. Oder Sie studieren einmal Ihren Wochenend-Terminkalender der letzten Monate, um zu sehen, wie wenig Zeit Sie für sich selbst hatten vor lauter »Socializing«, Party-Pflichtterminen oder Ehren- und Parteiämtern. Trifft das irgendwie auf Sie zu? Schalten Sie Ihre Freizeitaktivitäten auf *less*. Genießen Sie das gute Gefühl, wieder mehr Herr über die freie Zeit zu sein, die Sie haben. Freuen Sie sich, mangels Freizeitverpflichtungen auch wieder häufiger ganz spontan entscheiden zu können, was Sie mit Ihrer freien Zeit anfangen. Zum Beispiel ob Sie von einer Stunde auf die andere zu einer großen Radtour aufbrechen oder den Nachmittag einfach nur in der Hängematte verbringen.

Suchen Sie sich ein bewusst unspektakuläres Hobby

Wenn Sie gern eines oder mehrere Hobbys pflegen möchten: Vielleicht suchen Sie sich darunter zumindest ein Steckenpferd, das möglichst einfach ist. Ein Hobby, für das Sie wenig Ausrüstung, Platz und Geld brauchen, das keine großen Vorarbeiten erfordert und das Sie immer sofort dann ausüben können, wenn Ihnen gerade danach ist. Unglaublich *less* und gleichzeitig genial ist zum Beispiel das Boomerangwerfen.

Wenn Sie gerne musizieren: Kaufen Sie sich eine Mundharmonika. Mit ein wenig Gefühl können Sie schon nach kurzer Zeit die ersten Songs spielen. Oder singen Sie einmal mit der Familie oder Freunden und Bekannten in gemeinsamer Runde, ganz ungezwungen, wenn alle daran Spaß haben. Das mag uns Menschen von heute, die wir an Tonkonserven gewohnt sind, vielleicht zuerst etwas ungewöhnlich erscheinen. Probieren Sie es trotzdem aus.

Gemeinsam bei einer Flasche Rotwein irgendwann Klassiker wie *Yesterday* oder *Imagine* anzustimmen – es muss ja nicht gleich perfekt sein –, kann ein unwahrscheinlich schönes Gemeinschaftserlebnis sein, tut Körper und Seele gut und kostet nichts. Und es geht, wo immer Sie mit Ihrer Runde gerade sind – ob zu Hause, im Zug oder am Strand.

Festtage ja, Stresstage nein

Gehen Sie mit dem Lessness-Gedanken auch einmal an die großen Konsumfeste heran, zu denen sich inzwischen die meisten weltlichen oder religiösen Anlässe im Jahr verwandelt haben. Gerade diese Events nehmen vielleicht auch Sie gleich mehrere Wochen lang in Beschlag, obwohl es jeweils nur um einen einzigen Tag geht. Spitzenreiter: das gute alte Weihnachtsfest.

Schon ab Mitte November ist dem kommerziellen Weihnachtsrummel samt seinem anschwellenden Werbegesang der »Jetzt-ans-Schenken-denken«-Sprüche kaum mehr zu entkommen. Aber wer sagt eigentlich, dass Weihnachten jedes Jahr eine gigantische Materialschlacht sein muss? »... und am Mittwoch kommt die Müllabfuhr und holt den ganzen Plunder«, lautet dazu eine nicht ganz unpassende Textzeile der Popgruppe *Geier Sturzflug* aus den 1980er Jahren.

Bei manch einem Geburtstag beschleichen einen ebenfalls Zweifel, ob die gelungenste Feier wirklich immer die ist, bei der es die schwersten Geschenke und die meisten Gäste gibt. Muss man an Silvester tatsächlich viel Alkohol trinken, Partys feiern oder überteuerte Menüs in Restaurants essen? Und was haben wir bis vor einigen Jahren eigentlich immer Ende Oktober gemacht, als es Halloween noch nicht gab?

Die meisten jagen so sehr dem Genuss nach,
dass sie an ihm vorbeilaufen.
Sören Kierkegaard

Vielleicht möchten Sie ja wieder mehr den wahren Sinn der großen Feste und Feiern erleben. Oder sich einfach nicht mehr so viel Stress aufladen mit der ganzen Vorbereitung und Organisation. Wie wäre es, Weihnachten einmal bewusst ohne große Geschenkorgien zu feiern, sondern als fröhlich-besinnliche und entspannte Familien- und Freundefeste? Und als Feier des Geburtstags von Jesus Christus, wenn Sie gläubiger Christ sind – weil es darum ja eigentlich geht?

Auch an Ihrem Geburtstag verlangt wohl niemand eine pompöse Party von Ihnen. Setzen Sie sich doch einfach in Ihr Lieblingslokal, sagen Sie allen, die Sie mögen, Bescheid – und jeder kommt nach Lust und Laune oder auch nicht. Wie viel Sie von der Rechnung übernehmen, ist dabei Ihnen überlassen.

Tun Sie auch an Silvester einmal nichts Besonderes. Wenn Sie keine Kinder haben, die daran hängen, lassen Sie das eine oder andere

Fest vielleicht sogar hin und wieder ganz ausfallen. Beim nächsten Mal genießen Sie es dann umso mehr.

Eine Hochzeit muss genauso wenig eine Art Leistungsschau mit überdimensionalen Geschenken, aufwendigem Showprogramm und Edelcatering sein. Und ein solches Fest braucht auch nicht unbedingt an betont ausgefallenen oder fernen Orten stattzufinden, zu denen die ganze Hochzeitsgesellschaft erst einmal per Flugzeug gekarrt werden muss. Gerade heute kann es stattdessen sogar ein sehr sinnlicher Kontrast sein, den großen Tag bewusst einfach zu feiern und auf großes Brimborium zu verzichten. So bleibt auch mehr Aufmerksamkeit für den eigentlichen Zweck einer Hochzeit – nämlich den eines Rituals, mit dem sich zwei Menschen offiziell zu einer Lebensgemeinschaft verbinden.

Weniger Erwartung gleich weniger Enttäuschung

Auch gedanklich tut es bei großen Festen und Feiern oder auch im Urlaub manchmal ganz gut, sich bewusst am Weniger statt am Mehr zu orientieren. Müssen sich an Weihnachten wirklich alle lieb haben? Wo steht geschrieben, dass an Ihrem Geburtstag alle Ihre Freunde anzurufen haben? Wer schreibt vor, dass die gemeinsamen Ferien immer ein Musterbeispiel an Paar- beziehungsweise Familienharmonie sein müssen?

Es ist ganz gut, sich gerade bei größeren Ereignissen von zu hohen Erwartungen so weit wie möglich freizumachen. Denn diese Idealvorstellungen können echte Stimmungskiller sein. Weil wir nämlich in Gedanken gern das, was real passiert, mit unserer Wunschvorstellung vergleichen. Was wir wirklich erleben, können wir dann nicht mehr unvoreingenommen wahrnehmen – und können es deshalb auch nicht einfach annehmen, so wie es eben gerade ist.

Die Freude darüber, dass an Ihrem Geburtstag drei Ihrer besten Freunde anrufen und gratulieren, ist auf diese Weise schnell wieder verflogen, wenn Sie innerlich die Erwartung hatten, dass auch die restlichen vier sich hätten melden müssen. Wenn Sie hingegen beschließen, keine großen Erwartungen an diesen Tag zu stellen, muss die Realität gar nicht erst mit einer bestimmten Vorstellung mithalten. Und Sie können sich aus vollem Herzen über die drei Gratulanten freuen, die an Sie gedacht haben.

Sicher ist es gar nicht so leicht, sich von diesen inneren Bildern ein wenig zu lösen. Denn sowohl die heutigen Medien als auch Bücher und Kinofilme früherer Zeiten haben solche Idealvorstellungen fest in unserem Unterbewusstsein verankert. So wird zum Beispiel unser Bild von Weihnachten im Laufe des Lebens durch Hunderte von Klischee-Fotostrecken in Illustrierten oder zahlreiche Happyendfilme in Fernsehen und Kino geprägt. Leider fehlen in der Regel die Schattenseiten, die man ehrlicherweise hinzufügen müsste.

Machen Sie sich diese Trugbilder einfach öfter bewusst, wenn wieder besondere Tage wie Weihnachten oder Urlaub anstehen. Beschließen Sie, sich davon nicht großartig verleiten zu lassen. Wenn Sie weniger erwarten, können Sie auch weniger enttäuscht werden und sich besser auf die tatsächliche Situation einlassen. Und das Gute und Schöne daran umso mehr genießen.

Licht für zu Hause und Sonne unterwegs

Auch in einem Rolls-Royce wird geweint,
vielleicht sogar mehr als in einem Bus.
Françoise Sagan

Unterwegs sein bedeutet für die meisten von uns das Gegenteil von *less*. Oft betreiben wir einen gewaltigen Aufwand, um ans Ziel zu kommen. Selbst für die Fahrt zum Bäcker wird das Auto genommen. Für einen Einkaufstrip fliegen wir, ohne mit der Wimper zu zucken, zweitausend Kilometer weit weg. Und wenn zu Hause der Krempel zu viel wird, muss eben eine größere Wohnung her. Erst dann macht ja das Suchen richtig Spaß! Da sollte doch wenigstens der Urlaub mehr Luft zum Leben lassen – und trotzdem heißt auch hier die Devise fast immer volles Pauschalprogramm.

Vom Warenlager zum Wohlfühlort: Ihre Wohnung

Fühlen Sie sich in Ihren eigenen vier Wänden wirklich wohl? Selbst wenn Möbel, Bilder, Nippes und Krimskrams bei Ihnen nicht bis unter die Decke reichen, horten vermutlich auch Sie in Ihrem Haushalt Sachen, die Sie immer wieder hin- und herräumen, obwohl sie gar nicht benutzt werden. Oder es gibt den einen oder anderen Schrank, der vor lauter Hausrat und Krempel überquillt, obwohl nur ein Bruchteil davon verwendet wird. Der überwiegende Rest liegt in erster Linie deshalb darin herum, weil er Ihnen zum Wegwerfen zu schade ist.

Viele Keller und Speicher sind vollgeparkt mit Trimm-dich-Fahrrädern, Tischtennisplatten und Werkzeugbänken, die seit Jahren keiner mehr ausgräbt. Möglicherweise sind auch Ihre Wohnung und Ihr Garten einfach so groß, dass sie nutzlosen Kram geradezu anziehen und Ihnen mehr Arbeit machen als Freude bereiten.

Nicht nur, dass man sich auf diese Weise unnötig viel Freiraum oder Freizeit raubt – auf Dauer sind die mit solchem Gerümpel verbundenen Ablenkungen und Beeinträchtigungen einfach zu stark. Denn hier geht es ja um einen Ort, an dem Sie täglich so essenzielle Dinge tun wie schlafen oder mit nahe stehenden Menschen zusammen sein: Die Gestaltung der eigenen vier Wände beeinflusst unser Lebensgefühl auf ganz besondere Weise, und daher ist Wohnen ein wichtiges Lessness-Thema.

Haben Sie schon einmal überlegt, welchen Beitrag ein Zuhause für Ihre innere Ausgeglichenheit leistet, in dem es einigermaßen ruhig ist? Wo genügend Tageslicht einfällt, der Blick aus dem Fenster eine wohltuend friedliche Ansicht bietet – und wo auch im Inneren optisch Ruhe und Gelassenheit herrscht, weil sich die Einrichtung auf das Nötigste beschränkt? Dabei spielt es übrigens keine Rolle, ob Sie gerade vor einem Umzug stehen, ein Haus oder eine Wohnung kaufen wollen oder bereits Ihr festes Domizil gefunden haben. In jeder Situation können Sie etwas tun, um Ihre Lebensqualität beim Wohnen nach der Devise »Weniger ist mehr« zu steigern.

Umzug? Stellen Sie wichtige Weichen für Wohnen *less*

Lessness beginnt schon mit der Wahl des Wohnortes und der unmittelbaren Nachbarschaft Ihrer neuen Räumlichkeiten. Falls Sie hier für die nächste Zeit festgelegt sind, überspringen Sie diesen Abschnitt einfach. Wenn Sie sich hingegen gerade nach einem neuen Haus oder einer neuen Wohnung umsehen: Schauen Sie sich auch das Umfeld ein wenig genauer an.

Halten Sie sich an Wohngegenden, die einen menschenfreundlichen, gelassenen Charakter haben und angenehm *less* sind – aufgrund ihrer Architektur, der Mentalität ihrer Bewohner und des allgemeinen Charakters des Ortes. Auch wenn Sie es sich leisten könnten: Meiden Sie Viertel, in denen Protz und gegenseitiges Wetteifern Sie nur zum Mitmachen bei diversen »Wer-hat-mehr?«-Rennen verleiten.

Stellen Sie Ihre echten Bedürfnisse vorn an

Bei so grundlegenden Aspekten wie Licht, Ruhe und optischer wie atmosphärischer Harmonie gilt ausnahmsweise das Gegenteil von Lessness: »More is beautiful« – soweit es Ihre finanziellen Mittel erlauben. Legen Sie bei Ihrem neuen Haus oder Ihrer neuen Wohnung Wert auf eine möglichst ruhige Lage. Je älter man wird, desto größer ist bei den meisten Menschen die Empfindlichkeit gegenüber Lärm. Vor allem nächtlicher Krach, der den Schlaf stört, ist ein Stressfaktor, der auf Dauer besonders negativ wirkt.

Achten Sie auch darauf, dass in möglichst viele Zimmer ausreichend Tageslicht fällt. Außerdem sollten Sie sich über die Bauweise informieren, denn diese kann wesentlich dazu beitragen, dass zumindest ein Teil Ihrer Behausung im Hochsommer einigermaßen kühl bleibt. So sparen Sie sich spätere Kosten für eine Klimaanlage.

Seien Sie wählerisch bei der Aussicht, die sich Ihnen bietet, wenn Sie in Ihrem neuen Heim aus dem Fenster blicken. Dies gilt insbesondere für die Räume, in denen man sich tagsüber am meisten aufhält, also vor allem für Küche und Wohnzimmer. Es macht auf Dauer einfach einen Unterschied, ob Sie von Ihrem Wohnzimmerfenster aus auf eine abbruchreife Fabrik schauen – oder ob Sie stattdessen eine schöne Hausfassade oder einen Laubwald sehen.

Wie viel Wohnfläche brauchen Sie wirklich?

Die Größe Ihres Hauses oder Ihrer Wohnung spielt eine nicht ganz unwesentliche Rolle beim Wohnen *less*. Kaufen oder mieten Sie nur so viele Quadratmeter, wie Sie auch wirklich »schaffen«. Nicht nur älteren Menschen kann der Aufwand, der mit jedem Quadratmeter Wohnraum und Garten verbunden ist, mit der Zeit über den Kopf wachsen. Jedes zusätzliche Zimmer hält Sie mehr auf Trab: mit Putzen, Reparieren, Einrichten und Sich-darum-Kümmern – und natürlich auch damit, das zusätzliche Geld für Kaufpreis oder Miete aufzubringen. Finden Sie Ihre persönliche Wohlfühlgröße für Ihre eigenen vier Wände heraus! Falls Sie dabei feststellen, dass Ihnen Ihr derzeitiges Heim tatsächlich ein wenig zu groß ist: Nehmen Sie es als willkommenen Anlass, sich einmal nach einer kleineren Behausung umzusehen. So ein Umzug in eine kleinere Wohnung hat übrigens den angenehmen Nebeneffekt, dass er Sie zwingt, Ihren

Hausstand zu verkleinern. Weil nicht mehr alles Platz hat, müssen Sie ausmisten. Spätestens in diesem Augenblick haben Sie also einen guten Grund, sich von allen Dingen zu trennen, an denen Sie nicht mehr so richtig hängen.

»Mieten« statt einbauen

Überlegen Sie auch, ob die nötigen Einrichtungen für Ihre liebsten Freizeitbeschäftigungen unbedingt in Ihren eigenen vier Wänden vorhanden sein müssen. Vieles lässt sich genauso gut auch in Ihrer Nähe »mieten«. Zum Beispiel das Hallenbad als Ersatz für den eigenen Swimming-Pool, der wirklich viel Arbeit machen kann. Die Mitgliedschaft im Fitnessstudio ist meist günstiger und weniger aufwendig als ein mit Sportgeräten voll gestellter Keller im eigenen Haus. Wenn Sie eigentlich gar nicht so viele Filme ansehen, ist das Kino keine schlechte Alternative zum High-Tech-Medienaltar im Wohnzimmer. Selbst Hobby-Werkstätten kann man stunden- oder tageweise mieten.

Tauschen Sie unnütz gewordene Dinge gegen Raum, Zeit und Geld

Selbst wenn Sie in der nächsten Zeit nicht umziehen werden oder die äußeren Bedingungen Ihres Wohnumfeld bereits ganz gut sind, können Sie noch einiges tun, um *less* zu wohnen. Zeit zum Ausmisten! Schließlich beherbergt schon ein durchschnittlicher Haushalt heute um die 10 000 Gegenstände. Zum Vergleich: noch vor gut hundert Jahren waren es meist gerade einmal um die 300.

Sie glauben, dass es bei Ihnen nichts auszumisten gibt? Gehen Sie Ihren kompletten Hausrat durch, Zimmer für Zimmer. Was davon stimmt Sie negativ, zum Beispiel weil es mit unguten Erinnerungen behaftet ist? Welche Sachen machen mehr Aufwand, als dass sie Ihnen Nutzen bringen – weil sie kompliziert zu bedienen sind, technische Macken haben oder im Vergleich zu ihrem Verwendungszweck viel zu viel Platz verbrauchen? Weg damit. Machen Sie nur dann eine Ausnahme, wenn Ihnen die Beschäftigung mit einem bestimmten Gegenstand trotz aller Nachteile wirklich großen Spaß macht.

Werfen Sie alle Freizeitartikel raus, die Sie nach einem oder zwei Jahren immer noch nicht benutzt haben: zum Beispiel das Hometrainer-Set oder den sperrigen Fisch-Räucherofen. Falls Sie bei einigen Sachen nicht sicher sind, ob Sie sich wirklich so selten damit beschäftigen, machen Sie die Probe aufs Exempel. Kleben Sie heute einen Notizzettel daran, auf dem Sie das aktuelle Datum notieren. Stellen Sie dann das Stück wieder dorthin, wo Sie es normalerweise aufbewahren. Den Zettel reißen Sie erst wieder ab, wenn Sie den Gegenstand das nächste Mal hervorholen. Sie werden staunen, wie Sie auf diese Weise so manches Objekt ausfindig machen, das Sie vielleicht nur alle fünf Jahre verwenden oder noch seltener. Und die ansonsten nichts als Platz und andere Ressourcen verbrauchen.

Verabschieden Sie sich von allem, was längst nicht mehr Ihrem Geschmack entspricht, sondern Sie nur an einer Lebensphase festhält, die längst passé ist. Wenn Sie *less* leben möchten, kann da einiges zusammenkommen. Zum Beispiel Ihre trophäenartig aufgebauten Kosmetika und Parfums, die immer noch zwei Regale im Bad einnehmen. Obwohl Sie mit dem Thema Schönheit inzwischen viel entspannter umgehen und dadurch weit mehr an Ausstrahlung gewonnen haben. Mit diesem Gedanken im Kopf sollten Sie Ihren Bestand an Büchern, CDs, Videokassetten und sonstigen Sammlungen einmal gründlich sichten. Sortieren Sie großzügig aus. Wenn Sie ein Andenken brauchen, behalten Sie einige wenige ausgewählte Stücke.

Ein weiteres Kriterium beim Ausmisten ist die Frage, ob etwas nur dazu da ist, bei Besuchern Eindruck zu schinden, oder ob es sich lediglich um ein Statussymbol handelt, das Ihnen die Gewissheit geben soll, es »geschafft« zu haben. Auch bei Geschenken und Erbstücken, die Ihnen nicht wirklich am Herzen liegen oder einfach zu viel Platz verbrauchen, sollten Sie keine Hemmungen haben, diese wegzugeben.

Trennungsschmerz? Machen Sie Erinnerungsfotos!

Wenn Sie Ihre Sachen nicht einfach so verschenken wollen, können Sie sie per Kleinanzeige verkaufen oder im Internet versteigern. Falls Ihnen eine solche Entrümpelungs- und Verkaufsaktion schwer fällt, weil Sie sehr an Ihren Sachen hängen: Fotografieren Sie alles mit einem Fotoapparat oder einer Digitalkamera. Kleben Sie die Fotos in ein Album ein oder speichern Sie die Digitalbilder auf Ihrem PC. So haben Sie die Gewissheit, sich zumindest jederzeit daran erinnern zu können. Jetzt fällt Ihnen das Verkaufen vermutlich wesentlich leichter.

Wenn Sie Ihre ausgemisteten Besitztümer schließlich zu Geld gemacht oder verschenkt haben, schauen Sie sich die Fotos ein halbes Jahr später wieder an. Sie werden verblüfft sein, wie viele Sachen Sie schon längst vergessen haben, die Ihnen vor sechs Monaten noch so unverzichtbar vorgekommen sind. Gut möglich, dass Sie sich auch fragen, wie Sie jemals mit so viel Krempel leben konnten. Ihre luftigere Wohnung und Ihre zusätzliche Freizeit werden Sie jedenfalls nicht mehr missen wollen, sondern in vollen Zügen genießen.

Entdecken Sie den Genuss an der Leere

Vermutlich haben Sie schon allein durch diese Entrümpelungs- und Verkaufsaktion deutlich mehr Platz gewonnen. Genießen Sie die größere atmosphärische Ruhe. Spüren Sie den inneren Energieschub, den das Aussortieren mit sich bringt: Das ist Ihre Sofort-Belohnung beim Wechsel zum Wohnen *less*. Freuen Sie sich, wie viel freier, aber auch edler Ihr Heim wirkt, wenn Sie Einrichtung und Hausrat auf die »hundertprozentigen« Dinge abgespeckt haben.

Jetzt können Sie noch gezielt mit dem Gestaltungselement Leere arbeiten. Denn schon ein besonderes Bild an der Wand, ein Orientteppich oder eine Vase mit einem filigranen Muster brauchen viel freien Raum um sich herum, damit sie wirken können. Beschränken Sie Ihre Einrichtung so weit wie möglich, damit jedes Stück voll zur Geltung kommt. Im Anschluss an Ihre Entrümpelungsaktion können Sie alle verbliebenen Dinge besser wahrnehmen; dadurch fällt es Ihnen auch leichter zu erkennen, ob ein Möbelstück oder Dekorationselement noch beengt steht oder ob es genügend Freiraum um sich herum hat. Gehen Sie Ihre Einrichtung auf diese Weise so lange durch, bis lediglich die schönsten, klarsten und für Sie persönlich wertvollsten Dinge übrig sind. Gruppieren Sie diese in einem harmonischen Verhältnis zueinander.

Besonders wichtig ist diese Arbeit, wenn Ihre Zimmer sehr klein sind. Denn kompakte Räume wirken besonders schnell überfüllt. Lassen Sie einige Nischen bewusst vollkommen leer. Gönnen Sie sich Flächen, auf denen einfach nichts steht, oder Wände, an denen nichts hängt. Sie bieten dem Auge angenehmen Freiraum. Genießen

Sie die ganz neue atmosphärische Qualität, die eine solche Raumgestaltung mit sich bringt.

Einfachheit ist das Resultat der Reife.
Friedrich von Schiller

Fällt Ihnen dieser Gedanke noch ein wenig schwer? Gut möglich. Schließlich wohnen die meisten Menschen eher mit zu viel Einrichtung als mit zu wenig. Nicht selten steckt dahinter eine gewisse innere Unsicherheit, die davor zurückschrecken lässt, anders zu leben, als es die Gesellschaft, die Medien oder auch ein vermeintlicher Statusanspruch vorgeben. Wozu? Haben Sie keine Angst davor, sich bewusst *nicht* so einzurichten, wie es vielleicht der Zeitgeist gerade befiehlt. Und wenn sich alle anderen um Sie herum ganz selbstverständlich eine gigantische Wohnzimmerschrankwand für mehrere tausend Euro kaufen oder man sich in Ihren Kreisen mit großformatigen modernen Gemälden umgibt: Wer sagt, dass dies die einzigen Einrichtungs- und Gestaltungslösungen sind?

Vielleicht reicht Ihnen im Wohnzimmer ein antiker englischer Vitrinenschrank. Als Wandschmuck macht Sie ein kleines Bild des indischen Glücksgottes Ganesha zufriedener. Oder Ihnen gefällt die Idee, sich auch gleich ein richtiges Lessness-Zimmer zu schaffen: ein Zimmer, das so leer und gleichzeitig so einladend ist wie nur möglich. Und das vielleicht nur mit einem bequemen Sitzkisten, einer dezenten Stehlampe und einer großen Bodenvase voller Blumen ausgestattet ist. Das ist dann der Raum, in den der Alltag einfach keinen Eingang findet. Und in dem Sie stattdessen in Ruhe nachdenken, meditieren oder sich einfach nur zurückziehen können.

Farbe und Licht

Ein wunderbares Gestaltungselement im Sinne von Lessness ist Farbe, denn hier arbeiten Sie mit einem Minimum an Materie. Selbst eine leere Wohnung wirkt wesentlich eingerichteter, wenn jeder Raum in einem anderen Farbton gehalten ist, statt dass alle Wände weiß sind. Falls Sie bisher nur in weiß gestrichenen Räumen gelebt haben: Besorgen Sie sich ein Buch, das auf schönen Fotos zeigt, wie farbig gestrichene Räume aussehen können. Lassen Sie sich dabei auch von anderen Ländern inspirieren. Denken Sie nur an die vielen schönen Ocker-, Terrakotta- oder Blautöne, die in den Mittelmeerländern verbreitet sind. Manchmal kann ein bestimmter Farbton an einer Wand sogar eine so starke gestalterische Wirkung haben, dass Sie nur noch ein kleines Accessoire hinzuzufügen brauchen. Mit klug eingesetzten Farben steuern Sie außerdem die Stimmung im Zimmer. Und Sie können Räume je nach Bedarf größer oder kleiner wirken lassen.

Licht ist ein anderes vielseitiges Gestaltungsmittel für einen Wohnstil *less*. Moderne Bodenlampen aus Glas können Sie zur Beleuchtung und gleichzeitig zur Dekoration einsetzen, weil sie so gut aussehen. Mit dem Licht von Strahlern und Spots gestalten Sie leere Flächen oder optimieren die Wirkung Ihrer ausgewählten Möbelstücke oder Bilder, die dadurch umso besser für sich alleine stehen. Eine indirekte Beleuchtung als Ersatz für die alte Deckenlampe im Wohnzimmer kann die Atmosphäre im Raum angenehm kuschlig machen.

Wichtig: Machen Sie bei der Beleuchtung Ihrer eigenen Wände keine Abstriche bei der Qualität der Lampen. Lassen Sie die Billigleuchten aus dem Baumarkt lieber stehen, wenn Sie zum Beispiel Lampen mit Glasschirm kaufen. Wählen Sie, sofern es Ihr Geldbeutel erlaubt, nur solche, die ein qualitativ hochwertiges Glas haben, beispielsweise Murano. Schließlich erstrahlt daraus Abend für Abend das Licht, das Ihr Leben beleuchtet.

Wenn Sie einige Lichtschalter durch Dimmer ersetzen, können Sie außerdem immer genau die Lichtstärke wählen, die Ihrer momentanen Stimmung am ehesten entspricht. Vielleicht lassen Sie das elektrische Licht sogar hin und wieder einfach aus und erhellen Ihr Reich an manchen Abenden komplett mit Kerzen. Das ist nicht nur romantisch, sondern wirkt auch wie eine kleine Zeitreise in die Vergangenheit. Dabei können Sie entdecken, welche besonderen Stimmungsqualitäten Kerzenlicht zu bieten hat.

Ihre Möbel: hochwertig und zeitlos

Wenn Sie sich neue Möbel und Einrichtungsgegenstände kaufen, schauen Sie künftig auch auf deren Lessness-Qualitäten. Halten Sie sich zum Beispiel an Möbel mit möglichst wenigen offenen Fächern und Ablagen. Dann müssen Sie später weniger Dinge in Ordnung halten, aufräumen und sauber machen, weil sie offen herumstehen. Vor allem falls Sie eher zur Unordnung neigen, ist es viel leichter, ein gepflegtes Heim zu haben, wenn die meisten Dinge hinter geschlossenen Schrank- und Kommodentüren aufbewahrt werden.

Kaufen Sie Kleider- und Stauschränke möglichst raumhoch, so dass sie bis zur Decke reichen. Am besten lassen Sie sie einbauen, damit es keine verführerischen »Das-deponier-ich-mal-oben-auf-dem-Schrank«-Effekte gibt. Denn diese führen nur dazu, dass Ihr derartig abgelegter Besitz gehörig einstaubt. Oder er wird gleich ganz vergessen – bis zum nächsten Umzug.

Achten Sie bei allen Möbeln und Einrichtungsgegenständen auf die verwendeten Materialien und die Verarbeitung. Lassen Sie billige Werkstoffe mit entsprechender Optik lieber links liegen. Vor allem Plastik hat die Neigung, irgendwann doch einmal kaputtzugehen. Vernünftig reparieren lässt es sich in der Regel leider nicht. Beim Design sollten Sie ebenfalls wählerisch sein: Bevorzugen Sie bei möglichst vielen Neuerwerbungen klare, schlichte und klassische Formen.

Auch beim Hausrat kaufen Sie möglichst nur Dinge, die in der Qualität so hochwertig und vom Design her so zeitlos sind, dass sie Ihnen vermutlich lange erhalten bleiben. Während Sachen von minderer Qualität irgendwann doch einmal nachgekauft werden müssen – was dann meist auch jeden Preisvorteil wieder zunichte macht –, hält Ihr Besitz auf diese Weise einfach länger durch. Und Sie können sich an den Dingen auch nicht so schnell satt sehen, während man Geschirrsets im Trenddesign schon nach kurzer Zeit gar nicht mehr aus dem Schrank holen mag.

Kaufen Sie neue Dinge möglichst nur, wenn Sie vorher einen festen Platz dafür eingerichtet haben. Der Vorteil dieser Methode: Falls Sie weder Platz haben noch Platz schaffen können, lassen Sie die Anschaffung automatisch bleiben. Das bewahrt Sie vor so manchem Unterbringungschaos, das Spontan-Anschaffungen ansonsten gerne verursachen, sobald sich herausstellt, dass sie nirgends richtig verstaut werden können.

Kaufen Sie Ihre Einrichtung nach und nach

Wenn Sie sich mit guten, schönen und schlichten Möbeln, Einrichtungsgegenständen oder Küchenutensilien ausstatten möchten, brauchen Sie natürlich Zeit. Denn im Angebot der Billig- und Plastikartikel mancher Möbelhäuser und Baumärkte sind diese Dinge meist nicht so leicht zu finden. Wollen Sie einen großen Teil Ihrer Einrichtung in einem Schwung kaufen, werden Sie in der Regel kaum die Zeit haben, jeden einzelnen Gegenstand ausführlich genug unter die Lupe zu nehmen. Allein aus Zeit- und Budgetgründen müssen Sie so immer wieder Kompromisse machen. Kaufen Sie Ihre Sachen deshalb am besten nach und nach zusammen. Dann haben Sie genügend Zeit und Ruhe, wirklich nur die Dinge auszusuchen, die angenehm *less* sind.

Sauber ja, steril nein

Ziehen Sie täglich mit einer ganzen Batterie an Chemiemittelchen in den Kampf gegen Bakterien? Schließen Sie Frieden mit ihnen. Die Reinigungsmittelindustrie hat es im Laufe der letzten Jahrzehnte geschafft, uns vor all dem Mikro-Getier, das sich im trauten Heim tummelt, gehörig Angst zu machen. Ironischerweise ist jedoch der Mensch selbst einer der größten Bakterienherde, die im Haus zu finden sind. Kinder müssen sogar ab und an mit Bakterien in Berührung kommen, um ihr Immunsystem zu trainieren – damit es sich später nicht mit Allergien ablenkt. Lassen Sie sich nicht verrückt machen, wie porentief und mikrobakteriologisch sauber Böden und Bad sein müssen. Vertrauen Sie auf Ihr Gefühl und finden Sie das rechte Maß.

Besser vorankommen, entspannter ankommen

Kennen Sie diese gewisse Trägheit, wenn man ein Auto besitzt? Irgendwann fallen einem die vielen Alternativen dazu gar nicht mehr ein. Ganz selbstverständlich fahren wir mit unserem motorisierten Untersatz sogar vorm Fitnesscenter vor. Wir haben uns daran gewöhnt, dass unsere gute Laune dank verstopfter Straßen, Lastwagen und roter Ampeln schon morgens einen ersten Dämpfer bekommt –

obwohl wir im Zugabteil in Ruhe Zeitung lesen könnten. Auch beim abendlichen Treff mit Freunden wird nach Möglichkeit direkt vor dem Kneipentresen geparkt. Zu Fuß geht man doch höchstens in der eigenen Wohnung, oder? Und auch am Wochenende gibt es nichts Lustvolleres, als sich mit dem eigenen Wagen in eine lange Staukolonne einzureihen, um vor den Toren der Stadt mal eben schön Eis essen zu gehen. Selbst wenn man bei diesem Schneckentempo mit dem Rad genauso schnell wäre – dafür sein Ziel aber über schöne Wald- und Wiesenwege ansteuern würde.

Jetzt mal im Ernst: Natürlich ist das Auto einfach praktisch oder häufig sogar unentbehrlich, wenn Sie weit draußen wohnen oder Familie haben. Trotzdem: Vielleicht müssen auch Sie nicht *immer* gleich eineinhalb Tonnen Stahl und Kunststoff durch die Gegend fahren, wenn Sie von hier nach dort wollen, sondern können sich hin und wieder problemlos mit dem Fahrrad oder der Straßenbahn auf den Weg machen. Und dabei sogar viel entspannter ankommen.

Die Bahn: einfach menschenfreundlich

Ein wunderbares Lessness-Verkehrsmittel ist zum Beispiel die Bahn. Typisch *less* daran ist allein schon, dass Sie, um von A nach B zu kommen, nicht gleich das ganze Transportmittel kaufen, versichern, warten, putzen, pflegen, steuern und irgendwo auch parken müssen. Sondern es einfach nur nutzen – und danach sofort vergessen, sobald Sie am Ziel angekommen sind. Außerdem brauchen Sie nur wenige Dinge, damit die Bahn Sie mitnimmt, wohin Sie wollen: einen gültigen Fahrschein und dazu das Wissen, welche Züge Sie in welcher Zeit an Ihr Ziel bringen.

Lange nicht mehr mit dem Zug unterwegs gewesen? Entdecken Sie die Eisenbahn neu! Gerade die viel gescholtene Deutsche Bahn ist in Wahrheit oft gar nicht so schlecht. Sie werden einige angenehme Feststellungen machen, sowohl auf Ihrer Bürostrecke als auch wenn Sie per Bahn auf größere Fahrt gehen. Fast alle großen Bahngesellschaften bieten Ihnen heute zum Beispiel elektronische Fahrplanauskunft und Reiseplanung per Internet. Auf vielen Strecken rollen moderne, neue und leise Züge – nicht nur auf den ICE-Linien, sondern auch in den Ballungsräumen und zusehends auf dem flachen Land. Dank Neubaustrecken und Fahrplanverbesserungen erreichen Sie vor allem auf längeren innerdeutschen Strecken viele Ziele inzwischen fast in der gleichen Zeit wie mit dem Auto. Oder Sie sind sogar schneller. Etwa auf der Verbindung München – Köln, für die die Bahn nur noch viereinhalb Stunden braucht.

Zugfahren – ein echtes Lessness-Lebensgefühl

Aber Tempo ist nicht alles. Hinzu kommt das besondere Reisegefühl auf Schienen: Kein Eingezwängtsein auf engen Rückbänken, in Verkehrsstaus oder in der Holzklasse im Flieger. Niemand schießt Sie auf 10 000 Meter Höhe hinauf. Das Fahren erledigt ein Chauffeur. Sie können sitzen, stehen, herumgehen – wonach Ihnen zumute ist (überfüllte Pendlerzüge ehrlicherweise ausgenommen). Je nach Strecke und Zugart funktioniert sogar Ihr Handy, und Sie dürfen es auch benutzen. Die Hülle, in der Sie reisen, der Zug, hat menschenfreundliche Proportionen; weder fühlt man sich im Vergleich als Riese noch als Zwerg. Das Rollen auf den Gleisen erzeugt ein gleichmäßiges, unaufgeregtes und angenehm ruhiges Gefühl der Fortbewegung. Warum sonst schläft es sich im Zug so gut?

Auf längeren Reisen können Sie aus dem Fenster verfolgen, wie sich die vertraute Heimatumgebung langsam verändert, während Sie Ihrem Ziel entgegenrollen. Gut möglich, dass Sie unter den Mitreisenden interessante Menschen kennen lernen. Und falls Sie bisher einen großen Teil Ihres Lebens vor allem mit dem Auto mobil waren, werden Sie einen Zustand ganz besonders genießen: die große körperliche und geistige Entspanntheit, mit der Sie per Bahn am Ziel ankommen. Unter den häufigsten Verkehrsmitteln entspricht wohl kaum eines mehr der Würde des Menschen als die Bahn – das Schiff einmal ausgenommen.

Holen Sie sich Ihr Geschenk: Zeit

Doch das ist noch nicht alles, was Bahnfahren zu einem echten Lessness-Verkehrsmittel macht. Schließlich müssen Sie für die eigentliche Leistung, das Transportiertwerden, keinen Finger krümmen. Die gute alte Eisenbahn schenkt Ihnen deshalb auch ein wenig von einem besonders knappen Gut: freie Zeit – die Gratis-Zugabe zum Fahrpreis. Während Sie im Auto voll mit dem Autofahren beschäftigt sind, können Sie im Zug zum Beispiel in Ruhe in all den Büchern und Magazinen schmökern, die sonst immer liegen bleiben. Oder Sie arbeiten während der Fahrt: Vielleicht lesen Sie sich morgens auf dem Weg ins Büro schon ein wenig in Ihre Akten ein oder studieren ein Fachbuch? Bei längeren Bahnfahrten buchen Sie einen Platz mit Tisch, auf den Sie Ihren Laptop aufbauen und Dokumente bearbeiten können. Das ist dann Ihr rollendes Büro, inklusive schöner Aussicht.

Im Zug können Sie auch einfach immer wieder an Ihren Ideensammlungen arbeiten, anstehende Aufgaben und Probleme durchdenken und sich passende Lösungen überlegen. Dazu reichen ein kleiner Schreibblock und ein Kugelschreiber. Manche Menschen pauken im Zug auch Vokabeln für eine Fremdsprache. Andere lernen für eine Fort- und Weiterbildungsmaßnahme – angesichts des immer wichtiger werdenden Konzepts vom lebenslangen Lernen kein schlechter Gedanke. Die Bahn ist ein idealer Lernort! Selbst in der voll besetzten Pendler-S-Bahn können Sie immer noch mit einem tragbaren CD-Spieler ein Audiobook anhören. Das funktioniert sogar, wenn Sie stehen müssen.

Oder Sie nutzen die geschenkte Zeit im Zug einfach nur zum Entspannen und Nachdenken. Betrachten Sie das gebührenfreie Unterhaltungsprogramm, das Ihnen der Blick aus dem Fenster bietet. Eine wunderbare Gelegenheit, die Gedanken schweifen zu lassen. Vielleicht schätzen Sie sogar den stylishen Retro-Charakter, den das über hundertfünfzig Jahre alte Transportmittel Eisenbahn auch heute noch ausstrahlt, trotz aller High Tech.

Hinzu kommt ein angenehmer Nebeneffekt des Bahnfahrens: Es ist ganz automatisch ein kleiner Beitrag für die Umwelt. Wie viel weniger Primärenergie Sie dabei verbrauchen, als wenn Sie mit dem Auto fahren, rechnet Ihnen die Deutsche Bahn inzwischen sogar auf ihrer Internetseite vor. Falls Sie zu den Menschen gehören, die sich über Umweltfragen Gedanken machen, wird Ihnen das Bahnfahren deshalb immer auch ein klein wenig moralische Befriedigung verschaffen.

Besser geht's nicht: First Class

Sie haben gegenüber dem Bahnfahren noch Vorbehalte? Erleben Sie das relaxte Erlebnis Bahnfahren in der ersten Klasse! Das geht übrigens nicht nur bei Fernreisen, sondern auch beim täglichen Weg zur Arbeit, wenn beispielsweise für Regionalzüge Monatskarten erster Klasse erhältlich sind. Wenigstens einmal sollten Sie den Unterschied kosten. Oft genug werden Sie in der ersten Klasse Waggons und Abteile vorfinden, die angenehm leer sind. Das Interieur ist auffallend gepflegt und sauber. Die wenigen Mitreisenden sind in der Regel ruhige Zeitgenossen. Das großzügige Platzangebot ist kaum zu schlagen. Hinzu kommt das gute Gefühl, sich ein wenig Luxus zu gönnen – erster Klasse zu fahren ist immer auch eine kleine Streicheleinheit für die Seele.

Natürlich kostet der Spaß mehr. Rechnen Sie einfach selbst nach: Durchaus bezahlbar kann First Class werden, wenn Sie die Bahncard nehmen und auf ein günstigeres Auto umsteigen – oder gleich ganz auf Letzteres verzichten. Der Webauftritt der Bahn berechnet und vergleicht für Sie inzwischen sogar die Kosten von Auto und Bahn auf jeder von Ihnen gewählten Strecke. Wenn Sie selbstständig sind und beruflich mit der Bahn verreisen, können Sie gegenüber dem Preis für das Bahnticket außerdem den Wert der Zeit ansetzen, die Sie in einem ruhigeren Erster-Klasse-Abteil oder in einer der First-Class-Wartelounges an den größeren Hauptbahnhöfen zum Arbeiten nutzen.

Die Bahn ist schneller, als Sie denken

Sicher hat das Bahnfahren auch seine Grenzen und Schattenseiten. Großes Gepäck lässt sich damit schwer transportieren. Nicht alle Züge haben ausreichend Platz, sind sauber oder pünktlich. Ob Sie sich darüber ärgern oder dies als Nachteil empfinden, hängt aber von Ihren Ansprüchen ab: wie perfekt das Transportmittel Bahn sein muss, ob und wie Sie Warte- und Fahrzeiten für andere Dinge nutzen und wie flexibel Sie bei der Auswahl der Züge sind.

Ab einer gewissen Entfernung ist das Flugzeug ohnehin die einzige Wahl. Manchmal gibt es keine Alternative zum Auto, weil sich nicht jeder Ort auf Schienen erreichen lässt. Bei Strecken in einem Radius von fünf- bis achthundert Kilometern rund um Ihren Wohnort sollten Sie jedoch immer prüfen, wie schnell die Bahn im Vergleich zu Auto oder Flugzeug ist. Wenn Sie eine Großstadt ansteuern, spielt die Bahn übrigens eine Trumpfkarte aus, an die man nicht immer gleich denkt: Während Sie mit dem Auto erst einmal am Stadtrand ankommen und mit dem Flieger nicht selten weit vor den Toren der Stadt landen, hält die Bahn immer mitten in der City. Meist sind Sie von dort aus wesentlich schneller an Ihrem Ziel. Schauen Sie andererseits auch, wie die Zugverbindungen für Ihren täglichen Weg zur Arbeit und nach Hause aussehen, wenn Sie nicht sowieso schon mit dem Zug ins Büro fahren. Beides geht einfacher denn je, seit es das Internet gibt. Der Online-Auftritt der Bahn rechnet Ihnen für wirklich jede Verbindung im Inland wie auch im europäischen Ausland die genaue Fahrzeit aus. Ob von Schwabhausen nach Indersdorf oder von München Hauptbahnhof nach London Victoria Station – Letzteres dauert zur Zeit übrigens etwa zehn Stunden.

Vorbei am Stau mit S-Bahn, Bus und Straßenbahn

Wie gesagt, auch in der unmittelbaren Umgebung muss es nicht immer das Auto sein. Gerade wenn Sie in der Stadt oder in Ballungsräumen unterwegs sind, kann das Fahren mit öffentlichen Verkehrsmitteln recht entspannend sein. Und es bietet Ihnen einige Vorteile, die Sie schon aus den Abschnitten zum Bahnfahren kennen: kein Verkehr, um den Sie sich kümmern müssen, keine Parkplatzsorgen, kein Stau, keine Strafzettel – alles ist einfach *less*. Selbst das viele Zu-Fuß-Gehen, etwa auf dem Weg zur nächsten Haltestelle, hat seine Vorteile: So kommen Sie im Laufe des Tages immer zu einem kleinen Spaziergang, sind an der Luft unterwegs und legen auch mal einen kleinen Spurt ein, wenn der Bus schon im Anrollen ist und Sie gerade erst um die Ecke kommen. Andere Menschen schaffen sich für diese Effekte extra einen Hund an!

Dabei sind die »Öffentlichen« häufig erstaunlich schnell. Probieren Sie es aus: Auch immer mehr Verkehrsverbünde bieten im Internet eine elektronische Fahrplanauskunft an, die Ihnen die genaue Fahrtzeit ausrechnet und gleichzeitig die optimale Strecke angibt. Sie tragen einfach nur Start und Ziel ein, schon kommt die passende Verbindung. Die meisten Systeme akzeptieren auch Straßenadressen und errechnen dann sogar die Zeit, die Sie von Tür zu Tür brauchen. Jetzt brauchen Sie Ihren Plan nur noch auszudrucken und mitzunehmen. Wenn Sie in einer größeren Stadt wohnen und bisher eine eingefleischte Abneigung gegen öffentliche Verkehrsmittel hegten, probieren Sie am besten erst einmal die Straßenbahn aus, falls es an Ihrem Wohnort eine gibt.

Mit der Straßenbahn fahren Sie ober- statt unterirdisch – und dank dem Fahrweg Schiene sogar ruhiger als im Bus. Während der Fahrt können Sie sich ausführlich die Häuser und Geschäfte anschauen, die vorbeiziehen. Vielleicht entdecken Sie auf diese Weise ganz neue Seiten Ihrer Stadt?

Ihr weltweites Chauffeur-Netz: Taxi

Natürlich gibt es auch Situationen, in denen die öffentlichen Verkehrsmittel passen müssen. Zum Beispiel wenn Sie es überraschend eilig haben, wenn Sie in Gegenden fahren müssen, die nicht einmal ein Bus ansteuert, oder wenn Sie sich zu nächtlicher Stunde auf Bahnhöfen und in Zügen einfach nicht mehr sicher fühlen. Oder Sie sind schwer mit Einkaufstüten bepackt. Vielleicht haben Sie ja auch gerade einmal Lust auf ein wenig Luxus. Für solche Situationen brauchen Sie nicht immer ein eigenes Auto: Auf der ganzen Welt können Sie sich überall einen Wagen samt Chauffeur mieten – das Taxi!

Einfach genial: das Fahrrad

Auch das Fahrrad steht für Mobilität *less*. Schon die Art der Fortbewegung ist unglaublich einfach und low-tech: einfach aufsteigen und in die Pedale treten. Das ist so leicht, dass es sogar kleine Kinder im Nu lernen. Ansonsten brauchen Sie nichts – außer dem passenden Wetter. Damit ist das Fahrrad in den meisten Gegenden zwar eher ein Verkehrsmittel für die Zeit zwischen April und Oktober, aber das ist immerhin mehr als die Hälfte des Jahres.

Stresskiller und Seelenmasseur

Sie haben schon ewig nicht mehr auf dem Rad gesessen? Oder holen es nur als Sportgerät am Wochenende hervor? Entdecken Sie die besonderen Qualitäten des Fahrrads als Transportmittel in Ihrer näheren Umgebung – und genießen Sie sie! Denn auch das Radfahren bringt Sie nicht nur von A nach B, sondern schenkt Ihnen gleichzeitig einen tollen Zusatznutzen, ganz nebenbei während der gesamten Fahrt: Bewegung! Vom ersten bis zum letzten Meter tun

Sie mit dem Radfahren etwas für Ihren Körper. Auch Ihr Seelenfrieden profitiert davon. Denn beim Fahrrad werden Sie merken, dass Sie meist wesentlich entspannter ankommen, als wenn Sie etwa mit dem Auto unterwegs sind. Klar, körperliche Bewegung ist eines der besten Mittel, um Stress abzubauen oder ihn gar nicht erst aufkommen zu lassen. Und dass das Radfahren auch der eigenen Figur und Kondition gut tut, braucht man Ihnen kaum zu erklären. Passable Transportleistung plus kleines Konditionstraining plus Stressabbau und Seelenmassage, alles auf unkomplizierte und billige Weise: Das Fahrrad gehört einfach zu den Dingen, die für Lessness pur stehen.

Ganz automatisch wieder mehr die Natur wahrnehmen
Wenn Sie einen Großteil Ihrer Lebenszeit im Büro und zu Hause verbringen, werden Sie auf dem Rad vielleicht zum ersten Mal seit der Schulzeit wieder entdecken, wie sich die verschiedenen Jahreszeiten anfühlen. Wie es ist, im Frühjahr über eine schmale Holzbrücke zu fahren, unter der ein Fluss hindurchtost und Kühle und Frische nach oben staubt. Wie es riecht, wenn Sie im Sommer an einer Wiese entlangfahren, auf der Raps leuchtend gelb in voller Blüte steht. Wie man sich ein wenig inniger mit der Welt verbunden fühlt, wenn man unter einem alten Baum Schutz sucht, um einen sommerlichen Regenschauer abzuwarten. Radfahren, egal ob in der Großstadt oder auf dem Land, bietet Ihnen immer eine Fülle an Naturerfahrungen, die Ihre persönliche Erdung mit der Welt fördern.

Das Freiheitsgefühl auf zwei Rädern
Bestimmt werden Sie schnell auch das besondere Freiheitsgefühl des Radfahrens genießen. Keine Parkplatzsuche. Auch durch die kleinsten Lücken und Gässchen durchkommen. Anhalten, wo es einem gerade gefällt. Keine Trennwand zwischen Ihnen und der Umwelt. Die angenehm aufrechte Sitzposition. Andere Menschen sehen und treffen. Bei abendlichen Ausflügen nicht ganz so streng auf die Promillegrenze schauen müssen. Und einfach nichts für den Transport bezahlen. Denn Radfahren ist – von den einmaligen Anschaffungskosten für Ihr Fahrrad einmal abgesehen – nun mal wirklich vollkommen umsonst.

Wie geht es sich wirklich? Finden Sie es selbst heraus!

Es gibt noch eine weitere Art, sich *less* fortzubewegen, nämlich die klassischste und menschlichste: zu Fuß gehen! Hier benötigen Sie gar nichts mehr, um vom Fleck zu kommen – nur Ihren Körper. Für viele kürzere Strecken in Ihrer Umgebung ist das Zu-Fuß-Gehen durchaus eine Option. Allerdings kann es sein, dass Sie dabei erst einmal eine innere Blockade überwinden müssen. Denn zu Fuß zu gehen wird in unserer Gesellschaft auf besondere Weise bewertet – je nachdem, in welcher Situation Sie es tun.

Auf einer Alpwanderung in den Schweizer Bergen ist zu Fuß gehen völlig okay und akzeptiert. Niemand wird Sie mitleidig ansehen, weil Sie den Weg nicht mit einem bequemen Auto zurücklegen. In anderen Fällen hingegen kann zu Fuß gehen ein wenig »ärmlich« wirken. Oder zumindest glauben wir das. Zum Beispiel wenn Sie morgens der Einzige sind, der auf dem Gehsteig unterwegs zum Bahnhof ist, während das halbe Stadtviertel per Auto dorthin rollt. Und auch wenn Sie im Büro erzählen, dass Sie sich heute morgen auf diese Weise schon einen Spaziergang gegönnt haben, ernten Sie vielleicht nur ein mitleidig-verwundertes »*Das* sind Sie zu Fuß gegangen?«. Nein, Sie haben sich bewusst dafür entschieden – und haben jeden Meter, den gleichmäßigen Rhythmus Ihrer Schritte und die Eindrücke der erwachenden Natur ringsherum gespürt und genossen.

Alle wollen zurück zur Natur, aber keiner zu Fuß.
Spontispruch

Woran liegt die allgemeine Geringschätzung des Zu-Fuß-Gehens? Unter anderem wohl daran, dass es heute nur wenige Menschen überhaupt tun – von den unvermeidlichen Wegen von der Garage zur Haustür oder quer durch den Supermarkt einmal abgesehen. Deshalb sind die angenehmen Seiten daran kaum noch bekannt. Umso neuartiger werden vielleicht auch Ihnen die Entdeckungen vorkommen, die Sie machen, wenn Sie öfter einmal auf etwas längeren Strecken zu Fuß unterwegs sind. Zum Beispiel erfahren Sie, dass das Gehen nicht unbedingt verschwendete Zeit bedeutet; auch wenn Sie langsamer vom Fleck kommen. Denn ähnlich wie beim Radfahren gilt auch für das Zu-Fuß-Gehen: Sie sind eine gewisse Zeit lang gleichmäßig, maßvoll und bewusst in Bewegung, und damit tun Sie ganz selbstverständlich etwas für Ihre körperliche Gesundheit. Und mehr noch für Ihre seelische Ausgeglichenheit. Zu Fuß gehen beruhigt. Achten Sie einmal darauf: Sie werden kaum jemanden finden, der nach einer Stunde Gehen angespannt ist – es sei denn, er ist in echter Zeitnot oder hat noch eine starke innere Ablehnung gegenüber dem Gehen.

Meditation auf zwei Beinen

Auf längeren Strecken kann Gehen sogar einen meditativen Charakter haben. Vor allem, wenn Sie in freier Natur unterwegs sind. Die immer wieder gleichen, ganz natürlichen Bewegungen des Körpers sind wie eine Stimmgabel, die irgendwann auch Ihre Seele gleichmäßig schwingen lässt. Schritt für Schritt kommt man langsam mit sich in Einklang, er*geht* sich in den Rhythmus der Natur, wird ruhiger und ausgeglichener. Innerlich gelassen und ruhig, wach gegenüber der Welt – so kommen Sie langsam Ihrem Ziel näher.

Das funktioniert gerade dann gut, wenn man mit seiner Begleitung während des Gehens nicht in Alltagsgespräche wie »Mein stressiger Job« vertieft ist, sondern seine Aufmerksamkeit ganz gelassen auf das Gehen und das Wahrnehmen des Moments richtet. Achten Sie auch einmal darauf, wie gut Sie nach einer längeren, mehrstündigen Tour auf den eigenen zwei Beinen nachts schlafen. Oder wagen Sie einmal eine »Intensivbehandlung«, indem Sie sich gleich einen ganzen Tag oder mehrere Tage lang zu Fuß auf den Weg machen. Vielleicht finden Sie sich sogar irgendwann auf einem alten Pilgerweg wieder – etwa dem nach Santiago de Compostela im äußersten Nordwesten Spaniens, der seit einigen Jahren eine Renaissance erlebt und auf dem Sie die verschiedensten Menschen aus aller Herren Länder treffen.

Für Sie nur die schönsten Wege

Wann immer möglich, sollten Sie gerade beim Gehen dafür sorgen, dass Ihre Routen Ihren Sinnen angenehme Eindrücke bieten. Suchen Sie sich für die Wege, die Sie zu Fuß zurücklegen, möglichst schöne Strecken aus. Gerade für die Alltagswege, den Gang zum

Bahnhof, ins Büro oder in das Stadtzentrum. Gehen Sie abseits der Hauptstraßen. Gestalten Sie jede Strecke so ansprechend wie möglich: durch kleine Gassen oder ruhige Wohnstraßen, über Waldwege, entlang eines Baches, durch den Stadtpark oder über Feldwege. Spüren Sie dabei ganz bewusst, wie Ihre Sinne Zeit und Muße haben, die Bilder, Geräusche und Gerüche der Umwelt aufzunehmen. Selbst in der Großstadt werden Sie morgens das Konzert der Vogelstimmen hören. Oder versuchen Sie einmal Folgendes: Gehen Sie abends (im Winter am späten Nachmittag), wenn die Sonne schon etwas tiefer am Horizont steht, ein bis zwei Stunden lang einen Weg, der Sie immer geradeaus dem Sonnenuntergang entgegenführt. Das funktioniert selbst in der Stadt, wenn Sie Straßen wählen, die in westlicher Richtung verlaufen. Spüren Sie, wie die Sonnenstrahlen nach einiger Zeit nicht nur Ihr Gesicht, sondern auch Ihr Inneres erwärmen. Glückwunsch, wenn sich Ihr abendlicher Fußweg vom Büro nach Hause als ein solcher »Sonnenuntergangsweg« entpuppt.

Zu weit oder näher, als man denkt?

Irgendwie denken Sie beim Thema Zu-Fuß-Gehen trotzdem vor allem »Das dauert doch ewig«? Kein Wunder: Unser Bewusstsein für Distanzen ist auf motorisierte Verkehrsmittel eingestellt. Wir wissen gut, wie weit man in einer halben Stunde mit dem Flugzeug oder mit dem Auto kommt. Aber den meisten von uns ist das Gefühl dafür abhanden gekommen, welche Entfernungen man in dieser Zeit auf den eigenen zwei Beinen zurücklegen kann. Leicht gaukeln uns Gehirn und innerer Schweinehund vor, nach dreißig Minuten stünden wir praktisch immer noch so gut wie vor der eigenen Haustür. Wie wäre es mit einem Selbstversuch? Probieren Sie einfach aus, wie weit Sie in einer halben oder einer ganzen Stunde kommen. Je nach Tempo lassen Sie locker zwei, drei, vier oder mehr Kilometer hinter sich. Der Großteil Ihrer Alltagsstrecken wird vermutlich kaum länger sein.

Niemand will Ihnen Ihr Auto nehmen, aber …

Und das Auto? Nun ja, es passt nicht ganz so gut zum Lessness-Gedanken. Denn ein Auto kann Sie ganz schön in Beschlag nehmen.

Nicht nur in Sachen Kosten, sondern auch gedanklich: Es beansprucht viel Aufmerksamkeit, und darüber verfügen Sie nun einmal nicht unbegrenzt. Wenn Sie diese Belastung bisher nicht so recht bemerkt haben, dann deshalb, weil Sie längst daran gewöhnt sind. Und weil es alle so machen.

Nicht selten feiner: eine Nummer kleiner

Wahrscheinlich werden Sie Ihren Wagen trotzdem nicht gleich in der Zeitung inserieren. Vielleicht stellen Sie einfach beim nächsten neuen Auto die Weichen einmal anders. Falls Sie nicht ohnehin kompaktere Modelle bevorzugen, wählen Sie dieses Mal bewusst ein Auto mit weniger Zylindern, weniger Hubraum, weniger PS und weniger Gewicht. Schon jeder Mittelklassewagen schafft ja heute locker seine zweihundert Stundenkilometer Höchstgeschwindigkeit – und das ist eigentlich ein Höllentempo. Orientieren Sie sich bei der Leistung und Größe Ihres Auto mehr an dem Zweck, den es erfüllen soll. Vermutlich nutzen auch Sie Ihren Wagen vor allem als Fortbewegungsmittel für die Fahrt zur Arbeitsstelle, als Transportmittel für Einkäufe und für Besuchs- und Ausflugsfahrten in der näheren Umgebung. Braucht es dafür wirklich hundertachtzig Pferdestärken unter der Haube oder gar einen Geländewagen? Wenn Sie sich einen Neuwagen zulegen, verkneifen Sie sich am besten auch all jene Extras und Sonderausstattungen, die zwar viel Geld kosten, im Grunde aber nur Spielerei sind.

Stimmt Ihr persönliches Gewohnheitstempo?

Wie wäre es auch mit Autofahren im Lessness-Stil? Das beginnt schon bei Ihrem gewohnten Tempo. Nicht nur mancher Manager fordert für sich auf der Autobahn ja gern eine standesgemäße Durchschnittsgeschwindigkeit von hundertachtzig Stundenkilometern, oder er orientiert sich an einer ehrgeizigen Zeitmarke für die Heimfahrt vom Büro. Weil die Wirklichkeit sich dem nicht immer anpassen will, artet so manche Fahrt schnell in Stress aus. Die Autobahn ist zu voll und man wird immer wieder heftig ausgebremst. Auf der weiteren Fahrt gerät man regelmäßig mit anderen Verkehrsteilnehmern aneinander, die leider nichts von der persönlichen Zeitmarke wissen – und deswegen keinen Grund sehen, mit siebzig

Stundenkilometern durch die Stadt zu brettern. Manchmal hilft es schon, die Realität auf den Straßen einfach zu akzeptieren und sein inneres Gewohnheitstempo herunterzuprogrammieren.

Wenn Sie sich einigermaßen an die Geschwindigkeitsbegrenzungen halten, Ampeln vorausschauend im Auge haben und im Verkehrsfluss mitschwimmen, kommen Sie bei normaler Verkehrslage übrigens fast immer genauso schnell ans Ziel, wie wenn Sie dauernd auf die Tube drücken. Danach sind Sie allerdings wesentlich entspannter und haben am Monatsende eine niedrigere Tankrechnung. Auch auf längeren Autobahnstrecken ist es angenehmer, die Geschwindigkeit dem allgemeinen Verkehrsfluss anzupassen, statt sich daran aufzureiben, einen Langsamfahrer nach dem anderen von der linken Spur zu verscheuchen – um kurz darauf schon wieder von einem Lastwagen ausgebremst zu werden.

Selbst wenn Sie für eine Strecke dann doch einmal zehn oder zwanzig Minuten länger brauchen, haben Sie sich und den anderen Verkehrsteilnehmern dafür eine Menge erspart. Zum Beispiel so manchen Ausraster bei sich selbst: »Was bremst mich der Idiot aus?« Oder bei Ihrem Vordermann: »Warum rückt die mir so auf die Pelle?« Kein schlechter Beitrag zur allgemeinen Verkehrssicherheit, denn gerade im Straßenverkehr kann sich gegenseitiges Anraunzen erstaunlich schnell hochschaukeln.

Sagen Sie dem Schimpfen und Ärgern am Steuer deshalb am besten grundsätzlich Adieu. Es bringt einfach nichts – außer inneren Aufruhr, den Sie eigentlich mit einer Runde Joggen oder sonstiger sportlicher Bewegung wieder abbauen müssten. Bleiben Sie künftig ruhig, wenn andere Fahrer kleine Fehler machen, die Sie vielleicht einmal kurz zum Bremsen oder Ausweichen nötigen. Und regen Sie sich erst recht nicht auf, wenn Sie von solchen Fehlern oder Übertretungen gar nicht direkt betroffen sind! Gerade in Deutschland ist Letzteres immer noch häufig zu beobachten. Lassen Sie sich stattdessen vom Verkehrs-Improvisationstalent anderer Länder wie etwa Italien anstecken. Wenn jetzt auch noch Ihr persönliches Gewohnheitstempo zur Verkehrsdichte auf den Straßen passt, kommt die innere Ausgeglichenheit von ganz allein.

Vielleicht brauchen Sie ja gar kein Auto

Wenn Sie nicht dringend auf Ihren Wagen angewiesen sind, können Sie sich überlegen, ihn ganz wegzugeben. Leisten Sie sich dafür zum Beispiel ein tolles neues Fahrrad und eine Bahncard erster Klasse. Zumindest in Städten und Ballungsgebieten mit gut ausgebauten öffentlichen Nahverkehrsnetzen kann das sehr wohl funktionieren. Falls Sie mit diesem Gedanken spielen oder Ihr Auto aus finanziellen Gründen auf jeden Fall weggeben müssen: Niemand sagt ja, dass diese Entscheidung für immer sein muss. Wenn Sie wissen, dass »ohne Auto« ein vorübergehender Zustand sein kann, für den Sie sich ganz bewusst entscheiden, tun Sie sich bestimmt schon leichter mit dieser Idee. Warum sollten Sie nicht einmal drei oder vier Monate ohne Auto ausprobieren? Betrachten Sie es als kleines Abenteuer: Wie werden Sie sich durchschlagen? Was werden Sie dabei erleben – und über sich selbst erfahren?

Wenn Ihnen dieser Vorschlag tatsächlich einen Versuch wert ist: Starten Sie Ihre autofreie Zeit am besten in den Sommermonaten. Dann macht das Wetter es Ihnen leicht, und alle Alternativen stehen zu Ihrer Verfügung. Sie können mit der Bahn oder dem Bus fahren, sich auf Ihr Fahrrad schwingen oder zu Fuß gehen. Außerdem werden Sie entdecken, dass viele Ihrer Nachbarn und Freunde Sie gern hin und wieder mitnehmen – so kommen Sie mit vielen Menschen wieder mehr ins Gespräch. Überzeugen Sie sich selbst davon, dass Sie als autoloser Mensch nicht plötzlich ein schwarzes Nichts angähnt, sondern dass Sie viel dabei gewinnen. Zum Beispiel ein höheres Guthaben auf Ihrem Bankkonto oder eine bessere Figur. Hinzu kommt das gute Gefühl, sich um eine Sache weniger kümmern zu müssen – und mehr Zeit und Ruhe für wichtige Dinge zu haben.

Wie wär's mit Car-Sharing?

Der Gedanke, Ihr Auto wegzugeben, ist Ihnen zu viel? In einigen Großstädten und Regionen müssen Sie sich gar nicht so streng entscheiden. Möglicherweise gibt es auch in Ihrer Umgebung eine Car-Sharing-Agentur. Diese funktioniert in der Regel so, dass man einen bestimmten Mitgliedsbeitrag bezahlt und dann zum fairen Preis kurzfristig und ohne großen Aufwand ein Auto aus dem Bestand des Anbieters erhält. Meist genügt dazu ein kurzer Anruf. Eine Reservierung ist oft auch per Internet möglich. Die Fahrzeuge stehen in der Regel an einer nahe gelegenen Mobilstation bereit. Dort geben Sie einen Code ein, den Sie bei Ihrer Buchung erhalten, und bekommen dann den Schlüssel. Auf diese Weise haben Sie praktisch rund um die Uhr Zugang zu einem Auto. Einige Anbieter sind übrigens auch Partner des Car-Sharing-Angebots der Deutschen Bahn, sodass Sie bundesweit in allen größeren Städten kurzfristig ein Auto zur Verfügung haben. Wie Car-Sharing im Detail funktioniert und wo der nächstgelegene Anbieter ist, erfahren Sie am einfachsten im Internet.

Mitfahrer gesucht – und gefunden

Eine weitere Möglichkeit, das Autofahren entspannter zu machen, ist die uralte Idee der Fahrgemeinschaft. Vielleicht finden Sie jemanden, der regelmäßig auf der gleichen Strecke unterwegs ist wie Sie. Tun Sie sich zusammen: Mal fährt der eine, mal der andere. Ab jetzt sitzen Sie nur halb so oft am Steuer! Bei jeder zweiten Tour genießen Sie es, gefahren zu werden. Falls Sie keinen passenden Mitfahrer kennen, gehen Sie ins Internet. Dort entstehen immer bessere Plattformen, die Interessenten für Fahrgemeinschaften zusammenbringen – für alle Beteiligten kostenlos ist beispielsweise der Service von *www.mitfahrgelegenheit.de.*

Urlaub mal ganz anders

Hand aufs Herz: Der Urlaub gehört doch zu unseren liebsten Kindern – und dafür tun wir alles. Ganz selbstverständlich düsen wir schwer bepackt Tausende von Kilometern über den Globus und die Autobahnen dieses Kontinents, quetschen uns unerschrocken in Warteschlangen und geschmacklose Hotelburgen und verteidigen tapfer Pool-Liegen sowie unsere eineinhalb Quadratmeter Handtuch am Strand. Klaglos nehmen wir die Hässlichkeiten des weltweiten Massentourismus in Kauf: Nepp, Krach, Menschenmassen, mittelmäßiges Essen, volle Stände, aufdringliche Souvenirverkäufer und aggressive Restaurantwerber sowie Urlaubszentren, die sich auf der ganzen Welt immer ähnlicher sehen. Wenn's nur billig ist.

Auch als Edeltouris sind wir nicht besser. Da protzt man dann mit gigantischen Entfernungen: »… aufgeweckt? Sorry, hier sind's dreizehn Stunden Zeitunterschied zu euch.« Man lässt durchblicken, was man sich leisten kann: »200 Dollar die Nacht für das Zimmer – aber man gönnt sich ja sonst nichts.« Kulinarische Eroberungszüge werden ausgekostet: »*Den* Wein trinkt auch der Präsident, hat der Kellner erzählt.« Oder man brüstet sich mit kulturellen Höchstleistungen: »Elf Tempelanlagen in sieben Tagen, aber wir haben durchgehalten!« Und selbst wenn wir eigentlich nur Ski fahren wollen, überqueren wir schnell den Atlantik und schwingen uns in Kanada auf die Skipiste. Hatte Urlaub nicht mal etwas mit Erholung zu tun?

Sie müssen gar nicht immer wegfahren

»Wie, du bist zu Hause geblieben?« – schon wer die Osterferien nicht auf Mallorca, Gran Canaria oder an sonstigen Gestaden verbringt, erntet nicht selten verständnislose Blicke. Wen wundert's: Sogar das Urlauben haben Gesellschaft und Medien inzwischen zu einer Zwangshandlung gemacht. Aber wer sagt eigentlich, dass freie Tage automatisch bedeuten, zu verreisen? Wenn Sie in Wahrheit gar keine Lust auf Tapetenwechsel verspüren oder Ihre freie Zeit einfach nicht auf Flughäfen, vor Pass-Schaltern oder in Buffetschlangen vertrödeln wollen: Fahren Sie einmal bewusst nicht weg.

Gerade in den Sommermonaten, wenn die klassischen Urlaubsregionen ihren größten Ansturm erleben, ist vermutlich auch Ihre Heimatregion angenehm leer. Warum nicht einmal hier urlauben? Das Sommerwetter in Deutschland ist oft kaum schlechter als am Mittelmeer. Die Menschen um Sie herum sind entspannter, die Liegewiesen an den Badeseen und in den Freibädern präsentieren sich halb leer. In Ihrem Lieblingsrestaurant genießen Sie Platz und seltene Aufmerksamkeit des Personals. Wenn Sie jetzt auch noch der Versuchung widerstehen, volles Programm zu machen oder gleich wieder mit irgendwelchen Erledigungen zu beginnen, steht erholsamen Urlaubstagen zu Hause nicht mehr viel im Weg.

Urlauben Sie antizyklisch

Natürlich zieht es uns alle hin und wieder mal in die Ferne. Wenn Sie mit Ihrer Urlaubsplanung nicht an die Schulferien gebunden sind, können Sie dabei schon mit einer ganz einfachen Strategie mehr Ruhe in Ihren Urlaub bringen: Fahren Sie außerhalb der Saison! Nirgendwo steht geschrieben, dass man gefälligst in die Ferien aufzubrechen hat, nur weil gerade August ist. Genießen Sie die Erfahrung, wie angenehm *less* es ist, sein Urlaubsziel mit deutlich weniger Menschen teilen zu müssen. Meist sind dann auch die Preise für die Unterkunft deutlich niedriger, vor allem bei Ferienwohnungen. Selbst Urlaubsregionen, in denen während der Hauptsaison großer Andrang herrscht, vermitteln zu anderen Zeiten eine richtig entspannte Atmosphäre.

Weniger Entfernung, gleiche Erholung

Urlaub *less* kann bedeuten, dass Sie einmal bewusst weniger weit weg verreisen. Eine Woche im nächstgelegenen Mittelgebirge zu verbringen, kann genauso erholsam sein wie sieben Tage auf einer Südseeinsel, die 10 000 Kilometer entfernt ist. Oft hängt der Erholungswert ja schon allein mit dem Ortswechsel zusammen. Setzen Sie sich ein Zeitlimit für die Anreise, zum Beispiel dass Sie maximal zwei Stunden unterwegs sein wollen, um von Ihrem Haus bis zum Urlaubsort zu kommen. Genießen Sie das Gefühl, für die Anreise nur wenig Zeit, Treibstoff und Nerven zu verbrauchen. Und umso schneller mit der Erholung starten zu können.

Urlauben Sie im eigenen Land

Gerade wenn Sie sonst gerne in ferneren Gegenden urlauben, können auch Ferien im eigenen Land angenehm *less* sein. Lassen Sie sich bewusst einmal darauf ein, was Ihnen Deutschland zu bieten hat. Genießen Sie die Vertrautheit mit den Gegebenheiten, Gebräuchen und der Sprache. Sehen Sie das nicht ganz so beständige Wetter als willkommene Gelegenheit, jeden Urlaubstag anders zu verbringen – statt täglich am Strand zu braten, weil es für alles andere viel zu heiß ist.

Falls Sie Vorurteile gegenüber Ferien in Deutschland haben: Mittlerweile kann man zwischen Flensburg und Garmisch in nicht wenigen Restaurants hervorragend essen, wird freundlich bedient, und man trifft sogar auf ein Publikum, das abends andere Dinge zu tun weiß, als Trinklieder zum Besten zu geben. Denken Sie beim Urlaub im eigenen Land bewusst nicht darüber nach, was in anderen Ländern besser, schöner, größer ist. Dorthin können Sie ja nächstes Jahr wieder fahren.

Nehmen Sie die Ferien innerhalb der Landesgrenzen als Anlass, die eigenen Wurzeln wieder mehr zu pflegen. Im eigenen Land haben alle Bauwerke, Landschaften und historischen Ereignisse viel mehr mit Ihrer persönlichen Geschichte und Herkunft zu tun. Es ist ein interessantes Gefühl, im Urlaub einmal nicht die Sehenswürdigkeiten anderer Kulturen zu betrachten, sondern die der eigenen! Hin und wieder ein Urlaub im eigenen Land nutzt Ihnen auch, wenn Sie Menschen aus anderen Teilen der Welt begegnen: Sie können einfach mehr über Ihr Land erzählen.

Wenn Sie in Deutschland noch etwas anregender Ferien machen wollen: Gehen Sie in eine schöne Grenzregion. Dann können Sie das eigene Land plus ein Nachbarland erleben. Probieren Sie zum Beispiel einmal, Ihren Deutschland-Urlaub mit einer ordentlichen Prise Frankreich aufzufrischen. Zum Beispiel bei einem Aufenthalt im Schwarzwald oder im Pfälzer Wald. Von den Urlaubsregionen Bayerischer Wald und Erzgebirge sind Abstecher nach Tschechien jederzeit drin. Noch abwechslungsreicher wird dieses Spiel beim Urlaub an einem der Dreiländerecke in Deutschland – etwa dem südlichen Schwarzwald (hier grenzen die Schweiz und Frankreich an), am Bodensee (dessen Ufer sich Deutschland, Österreich und die Schweiz teilen), dem südlichen Bayerischen Wald (mit den Nachbarländern Österreich und Tschechien um die Ecke) oder im südöstlichen Sachsen (um die Ecke liegen Polen und Tschechien).

Entdecken Sie Feriengebiete, die keiner kennt

Wenn Sie dann doch mal wieder ins Ausland fahren wollen: Wer sagt eigentlich, dass Urlaub nur in den bekannten Ferienzentren und -regionen, auf Mallorca, den griechischen Inseln, in der Toskana oder in Tirol, möglich ist? Vielleicht haben Sie sich ja auch am Restaurant- und Animierbetrieb der bekannten Urlaubsregionen rund ums Mittelmeer längst satt gesehen. Urlauben Sie doch stattdessen einmal in Gegenden, die vom Großteil der Urlauberströme vergessen werden. Allein deshalb kann es dort wohltuend *less* sein.

Erstaunlicherweise findet man solche Orte nach wie vor auch in

Europa. Natürlich ist das erst einmal mit mehr Organisation verbunden. In abseits gelegene Regionen starten keine Charterjets. Auch im Reisebüro wird man Ihnen eher wenig anbieten können, wenn Sie sich beispielsweise nach der spanischen Region Galicien, der türkischen Schwarzmeerküste oder der nordostitalienischen Provinz Friaul erkundigen. Sie müssen sich schon selbst darum kümmern – was aber dank der Informationsquelle Internet und der Vielzahl an passenden Reiseführern heute längst nicht mehr so aufwendig ist.

Wagen Sie einmal den Versuch. Auch weil sich das Preisniveau in solchen Regionen in der Regel in einem akzeptablen Rahmen hält. Erleben Sie, wie entspannend es sein kann, seine Ferien an einem Ort zu verbringen, den die Tourismusindustrie nicht in Beschlag genommen hat. Wo es noch deutlich mehr Einheimische als Touristen gibt. Wo Ihnen die ansässige Bevölkerung vielleicht anfangs mit einem herberen Charme begegnet und alles etwas langsamer geht. Und wo Sie die Eigenheiten und den Charakter des Landes, in dem Sie sich aufhalten, noch an allen Ecken und Enden spüren können. Schon allein weil im Restaurant niemand Deutsch oder Englisch versteht.

Fahren Sie dorthin, wo alles begann

Bekanntlich ist der Tourismus eine britische Erfindung des neunzehnten Jahrhunderts. Ein toller Lessness-Urlaub kann auf Sie warten, wenn Sie dorthin reisen, wo er ursprünglich begonnen hat. Überall in Europa gibt es Orte, die auch heute noch die Atmosphäre aus den Pioniertagen des Urlaubens ausstrahlen: zum Beispiel Bordighera, Biarritz, San Sebastian, der Lido von Venedig, Baden-Baden oder auch viele Städtchen und Dörfer in den Schweizer Alpen. Machen Sie Ihre eigenen günstigen Geheimtipps ausfindig!

Statt Bettenburgen und Massen-Amüsierbetrieb finden Sie dort oft noch vollständig erhaltene Ensembles stilvoller Hotelbauten aus der vorletzten Jahrhundertwende, dem »Fin de Siècle«. Auf die Disco im Keller und den Internetanschluss im Zimmer müssen Sie wahrscheinlich verzichten. Dafür erwartet Sie reichlich altehrwürdige Atmosphäre: großzügige Zimmer, hohe Wände, prachtvolle Speisesäle mit Kristalllüstern an den Decken, antike Möbel und manch ein Einrichtungsdetail, das heute eher kurios anmutet. Wie zum Beispiel ein eigenes Nebenzimmer für mitgebrachtes Dienstpersonal.

Oft geht das Leben an solchen Orten einen guten Tick langsamer. Traditionen werden auf liebevoll altmodische Weise gepflegt: der Nachmittagstee im Gartenpavillon, die tägliche Runde Boule oder das sonntägliche Freiluftkonzert auf der Piazza. Hier können Sie Tage verbringen wie aus einem alten Roman. Spielen Sie einfach ein bisschen »gute, alte Zeit«, mitten in den Originalkulissen, in denen sich einst der europäische Adel, Industrielle, Dandys, Künstler und Hochstapler zur »Sommerfrische« trafen.

Die relaxte Alternative zum Hotel: Ferienwohnungen

Auch bei der Wahl der Unterkunft geht es *less*. Buchen Sie statt zwei Wochen in einem durchorganisierten Hotelkomplex einmal ein Ferienhaus oder eine Ferienwohnung. Genießen Sie die grenzenlose Freiheit in den eigenen vier Ferienwänden. Niemand weckt Sie morgens auf, um die Zimmer zu putzen. Kein Ärger mit lärmenden Gästen. Keine ausladenden Frühstücks- und Abendbuffets, die nur dazu verführen, zu viel zu essen – und an denen Sie sich nach einigen Tagen schon satt gesehen haben. Kein Blick auf die Uhr, um die Essenszeiten nicht zu verpassen. Und es gibt auch kein Erlebnis- und Veranstaltungsangebot, das Sie ständig auf Trab halten könnte: »Schatz, den Wellnessbereich müssen wir ja auch noch ausprobieren …«

Stattdessen können Sie Ihren gewohnten Tagesablauf im Ferienhaus einmal vollkommen vernachlässigen. Sie tun einfach, wonach Ihnen gerade ist: bis um ein Uhr Mittag schlafen, einen ganzen Tag lang bewusst wenig essen, stundenlang Bücher lesen, meditieren oder einfach ungestört mit dem Lebenspartner oder der Familie zusammen sein. Sie entscheiden selbst, wann Sie essen wollen, was und wo – ob Sie sich mit etwas Brot und ein paar Oliven begnügen, mit dem frischen Fisch vom Markt ein spontanes Essen zaubern oder sich auf den Weg ins nächste Restaurant machen.

Luxusurlaub *less*

Wenn Sie als Lessnesser vor allem Ruhe und Entspannung brauchen und das Geld dabei keine große Rolle spielt, urlauben Sie doch einmal auf dem Wasser! Angenehm *less* ist bei einem Kreuzfahrtschiff oder einem Hausboot vor allem die Geschwindigkeit Ihres Transportmittels, in dem Sie praktischerweise auch gleich wohnen: je nach Bauart zwanzig, dreißig oder höchstens sechzig Stundenkilometer. Und das meist im gleichmäßigen Tempo. So erlaubt Ihnen das Reisen auf dem Wasser, in aller Ruhe eine Menge zu sehen, ohne immer wieder neu die Koffer packen zu müssen.

Schippern Sie zum Beispiel einmal per Kreuzfahrt ein paar Tage über die Meere. Den vielen Buffetterminen und dem Ausflugs- und Nachtleben können Sie bei Bedarf leicht aus dem Weg gehen, wenn Sie nicht gerade ein Clubschiff gebucht haben. Oder gehen Sie auf eine Flusskreuzfahrt, zum Beispiel auf dem Rhein, der Donau oder der Rhône. Gönnen Sie sich eine Kabine mit Balkon, setzen Sie sich dort auf den Liegestuhl und lassen Sie ein paar Tage lang die Welt geruhsam an sich vorbeiziehen.

Für den Fall, dass Sie auf dem Wasser lieber so richtig allein sein wollen, ist vielleicht ein Urlaub auf einem Hausboot etwas für Sie. Vor allem in Frankreich oder Irland gibt es viele kleine Flüsse und Kanäle, die sich per Hausboot erkunden lassen. Sie brauchen dafür in der Regel nicht einmal einen eigenen Bootsführerschein. Gemächlich einige Tage über stille Wasserstraßen durch die Gegend zu schippern, kann unglaublich entspannend sein. Sie können anlegen, wo Sie wollen, auch mal ein tolles Restaurant besuchen oder zur Abwechslung im Hotel übernachten – ganz wie Ihnen gerade zumute ist.

Auch die immer zahlreicher werdenden Nostalgie-Reisezüge bieten die praktische Kombination von Transportmittel und Unterkunft. Es sind alte, restaurierte Luxus-Reisezüge, die fast alle aus dem frühen zwanzigsten Jahrhundert stammen: zum Beispiel der »El Andalus Expreso« in Südspanien. Meist sind sie komplett mit Schlaf-, Speise- und Salonwagen ausgestattet. In der Regel werden damit mehrtägige Rundreisen durch verschiedene landschaftlich und kulturell interessante Gegenden angeboten. Genau wie auf dem Schiff erwartet Sie hier ein echter Urlaub im Lessness-Stil. Und das schon allein, weil es meist im Schneckentempo von einem Ziel zum nächsten geht. So können Sie vom Zugfenster aus in Ruhe die großartige Landschaft genießen. Das Leben an Bord ist auf liebenswürdige Weise altmodisch. Es entführt Sie für ein paar Tage in die Zeit, als das Reisen ein Vergnügen der oberen Zehntausend war. Statt Fernseher, Internet und Animateuren gibt es häufig livrierte Keller, Five o'clock tea im Salonwagen, Interieurs aus den 1920er Jahren – und reichlich Zeit.

Wenn der Urlaub gleich ab Ihrer Haustür beginnt

Eine Idee, die sich wieder für alle Lessnesser eignet: Wie wäre es mal mit Urlaub zu Fuß oder auf dem Fahrrad – und zwar direkt ab Ihrer Haustür? Dann beginnt das Abenteuer schon, sobald Ihr Heimatort hinter dem Horizont verschwunden ist. Rüsten Sie sich mit gutem Kartenmaterial, Kompass und ordentlichem Schuhwerk aus, und lassen Sie sich dann einfach treiben. Zum Beispiel immer der untergehenden Sonne entgegen. Oder einen alten Handels- oder Pilgerweg entlang. Wenn Sie dann noch möglichst ausschließlich auf Feld- und Waldwegen unterwegs sind, entdecken Sie vielleicht schon bald diesen ganz eigenen Reiz, den es haben kann, durch die Lande zu ziehen, wie es die Menschen früher taten. Gerade in einem Industrieland wie Deutschland ist dies eine kleine Zeitreise in die Vergangenheit. Und das Beste: Hier sind Sie so langsam unterwegs, dass Ihre Seele mühelos mit dem Körper Schritt halten kann.

Wie lebt es sich eigentlich auf einem Bauernhof?

Da in Deutschland fast niemand mehr in der Landwirtschaft arbeitet, ist es allein schon deshalb ein echtes Erlebnis, ein paar Tage in einem Umfeld zu verbringen, in dem der Tagesrhythmus von der Feldarbeit und den Tieren bestimmt wird. Urlaub auf dem Bauernhof – am besten bei einem Bio-Betrieb – schafft auch wieder mehr Bezug dazu, wo unsere Grundnahrungsmittel eigentlich herkommen. Und er gibt einen Einblick in einen der ursprünglichsten Berufe des Menschen, den vor wenigen Generationen noch der Großteil unserer Vorfahren hatte. Außer in Deutschland wird diese Urlaubsform übrigens auch in anderen Ländern angeboten. In Italien etwa findet man inzwischen ein regelrechtes Netz so genannter »Aziende Agrituristiche«. In den meisten Fällen erwartet Sie dort neben reichlich Entspannung auch eine hervorragende ländliche Küche zu günstigen Preisen.

Auf der Alm, da gibt's koan Stress

Richtig *less* kann ein Urlaub auch im Hochgebirge sein. Mieten Sie sich eine Alm oder ein einsam gelegenes Ferienhaus, möglichst hoch gelegen. Freuen Sie sich auf Tage voller intensiver Naturerlebnisse: unglaubliche Ruhe, spektakuläre Fernsichten, großartige Sonnenauf- und -untergänge, rauschende Wälder, Sturzbäche, Wasserfälle und schroffe Felsen. Hinzu kommen im Winter Schneemassen, wie sie im Flachland längst nicht mehr zu erleben sind – ein Naturschauspiel von geradezu kitschiger Schönheit. Je höher Ihr Domizil ist, umso näher sind Sie auch am Wettergeschehen dran. Haben Sie schon einmal im Gebirge ein Gewitter erlebt, das sich direkt über Ihnen im Hochtal austobte – während Sie sicher in Ihrer Hütte waren und das Geschehen durchs Fenster verfolgten? Begleitet wird der Urlaub auf der Alm meist noch von einem besonderen Wohngefühl, das Sie schnell mal ein oder zwei Jahrhunderte in die Vergangenheit zurückversetzt, in ein Leben ohne Mikrowelle, Waschmaschine, Fernseher und Internetanschluss. Genießen Sie die gute Erfahrung, sich mit Ihrem Lebensstil problemlos daran anpassen zu können.

Schicken Sie sich in die Wüste!

Eine besonders intensive Variante von Urlaub *less*. Dabei muss es Sie ja nicht gleich im Hochsommer auf Kameltour ziehen. Gerade im Winter ist in vielen Wüstengegenden auf der Nordhalbkugel das Klima durchaus erträglich. In einem einfachen Hotel am Rande einer Wüste lässt es sich gut aushalten. Versuchen Sie es einmal, auch wenn Ihnen die Idee eines Wüstenurlaubs seltsam vorkommt. Wüsten vermitteln ein ganz besonderes Gefühl von Zeitlosigkeit und Ewigkeit. Praktisch nichts an der Landschaft ist von Menschenhand verändert. Alles sieht genauso aus wie auch vor Tausenden von Jahren. Selbst der gewohnte Wechsel des Landschaftsbildes durch die Jahreszeiten bleibt fast vollständig aus. Ihre Alltagsuhrzeit und Ihre Wochen- und Jahresrhythmen sind hier praktisch wirkungslos. Sie können sich komplett ausklinken. Nachts erleben Sie den Sternenhimmel so intensiv wie sonst kaum irgendwo auf der Erde; wo niemand wohnt, lenken keine Leuchtquellen ab. Hinzu kommt eine unglaubliche Stille. Vielleicht kein Wunder, dass an solchen Orten schon ganze Religionen »erfunden« wurden.

Die Insel der Ruhe – auch mitten in Deutschland

Manchmal muss es vielleicht sogar noch mehr sein als Urlaub *less*. Dann steht ein Rückzug total an. Etwa, in dem Sie einige Tage in einem Kloster wohnen. Immer mehr Menschen wagen heute das Abenteuer, sich auf eine solche ruhige Insel mitten in unserer Konsumgesellschaft zu begeben. Es kann eine spannende Erfahrung sein, einmal Zeit unter Menschen zu verbringen, die ihr Leben in erster Linie dem Glauben und der Spiritualität gewidmet haben. Dafür müssen Sie gar nicht weit verreisen. Auch in Deutschland gibt es Klöster, die Gäste für einige Tage beherbergen.

Schluss mit der Urlaubs-Action

Wo auch immer Sie Ihre Ferien verbringen – schalten Sie Ihr Urlaubsprogramm auf *less*! Legen Sie den Reiseführer öfter mal beiseite. Schauen Sie sich bewusst nur ausgewählte Sehenswürdigkeiten an. Aufgrund der hohen Lebenserwartung in Deutschland und der künftig noch stärker ausgeprägten Mobilität werden Sie viele Reiseziele im Laufe der Zeit mehrmals besuchen können, wenn Ihnen danach sein sollte. Auch die Sportausrüstung muss nicht jeden Tag im Einsatz sein. Lassen Sie sich stattdessen häufiger einfach durch den Tag treiben. Setzen Sie sich zum Beispiel für ein paar Stunden in ein Straßencafé und nehmen Sie in Ruhe Land und Leute wahr. Selbst wenn Sie gerade zum ersten Mal in Florenz sind.

Jetzt leben Sie einfach mal low-tech

Ihr Urlaub ist übrigens immer eine gute Gelegenheit, zu unserem technisierten Alltag ein wenig auf Distanz zu gehen. Schalten Sie in den Ferien zum Beispiel Ihr Handy ab, wenn Sie nicht gerade dringend erreichbar sein müssen. Lassen Sie im Hotelzimmer den Fernseher aus. Nehmen Sie den Laptop mit Internetzugang, den PDA und die vielen anderen elektronischen Helferlein am besten gar nicht erst mit. Es ist völlig in Ordnung und steigert nur Ihren Urlaubsgenuss, wenn Sie einmal für zwei oder drei Wochen keine Nachrichten hören, ein paar Folgen Ihrer Lieblingsserie verpassen oder nicht in Ihr E-Mail-Postfach schauen. Früher haben Sie sich Ihre Post ja auch nicht an Ihren Urlaubsort schicken lassen.

Energie und Lebensfreude mit ganz einfachen Mitteln

Ein saftiges Bohnenkraut ist besser als ein trockener Hummer.
Paul Bocuse

Wenden wir uns den Dingen zu, die Sie täglich für Ihr körperliches Wohlbefinden tun – essen, trinken, sich anziehen oder auch Sport treiben. Wie viel brauchen Sie eigentlich, um sich gut und mit Genuss zu ernähren, Ihren Muskeln ausreichend Bewegung zu verschaffen oder um immer attraktiv gekleidet zu sein? »Eine Menge!«, lautet die Antwort, die uns Werbung und Medien geben. Wirklich? Entdecken Sie, dass der Gedanke »Weniger ist mehr« auch bei alltäglichen Dingen nichts mit griesgrämigem Verzicht zu tun hat, sondern Ihnen überall mehr Leichtigkeit schenkt.

Jedes Essen ein kleines Fest

Wir essen schnell, im Gehen und Stehen oder vor dem Fernseher. Den »kleinen Hunger zwischendurch« besiegen wir mit zuckrigen Snacks, Schokoriegeln oder aufgemotzten Milchprodukten. Zu Hause kommt auf den Tisch, was der Mikrowellenherd hergibt, wenn wir ihn mit Fertigprodukten füttern. Wir kennen den Unterschied zwischen »crunchy«, »cheesy« und »spicy«.

Im Supermarkt kaufen wir natürlich – geiz ist geil – so billig wie es geht. Auch wenn bei den von uns geforderten Niedrigpreisen das Putenschnitzel und die Paprika nur noch per Massentierhaltung und in Agrarfabriken hergestellt werden können. Beim Auswärts-Essen langen wir vor allem als Männer gern mal so richtig zu. Gut ist, wenn's viel ist – jawoll. Die Lieblingsgerichte der bundesdeutschen Gastronomie? Riesen-Schnitzel, Currywurst mit Pommes »Bahnschranke«, Jumbo-Pizza und Hamburger-Menü XXL. Ansonsten steuern wir Restaurants vor allem dann gern an, wenn wir uns durch ein »All-you-can-eat«-Buffet fräsen können. Das sind wir schließlich vom Urlaubshotel so gewöhnt.

Auch als »Besseresser« sind wir im Prinzip nicht viel anders. Da lassen wir dann eben vermeintliche Edelprodukte wie Lachs und Shrimps auffahren. Weil sich heute jedoch sehr viele Menschen diese Leckereien gönnen – und weil wir natürlich auch die feinen Sachen wieder möglichst billig haben wollen –, stammt die Ware leider mehrheitlich aus »Aquakulturen«. Böse Zungen sprechen beim Lachs ja von der »Sau des Meeres«. Wer einmal das Glück hatte, Lachs oder fangfrische Meeresfrüchte aus freier Wildbahn auf dem Teller zu haben, weiß, wie unglaublich weit wir inzwischen geschmacklich davon entfernt sind.

Geht's nicht auch mal eine Nummer kleiner? Schmeckt uns unser Essen nur, wenn es billig und viel ist? Müssen wir uns hauptsächlich von Fertigprodukten ernähren? Brauchen wir regelmäßig Luxusnahrung, die so billig sein muss, dass sie nur unter fragwürdigsten Umständen produziert werden kann? Und warum werden wir alle auch noch immer dicker?

Essen pur aus der Natur

Vielleicht muss unser Essen ja gar nicht immer erst mordsmäßig bearbeitet oder industriell hergestellt werden. Genießen Sie häufiger einfach »pure« Nahrungsmittel, die trotzdem so gut wie alles haben. Fast schon symbolhaft dafür steht zum Beispiel die Kartoffel. Sie wird einfach nur aus der Erde geholt. Basta. Dabei lässt sie sich so vielseitig variieren wie nur wenige andere Grundnahrungsmittel. Denn das Tolle an Kartoffeln ist, dass sie für sich allein schon wie ein »ganzes« Gericht schmecken. Zum Beispiel als Rösti oder Pommes Frites, oder einfach frisch gekocht und mit etwas Meersalz, Pfeffer, Olivenöl und einem Glas Weißwein dazu. Mit anderen Nahrungsmitteln und Zutaten lassen sich Kartoffeln zu den verschiedensten Gerichten zusammenstellen: mit Salat, Gemüse, frischen Kräutern, Fleisch, Fisch, Käse, Zaziki oder worauf Sie eben gerade Lust haben. Kartoffeln können Sie dämpfen, braten, backen, zu Püree oder Reibekuchen verarbeiten oder auf raffinierte Art würzen. Passende Kartoffelrezepte kennen Sie wahrscheinlich selbst genügend. Falls nicht, legen Sie sich ein schönes Kartoffelkochbuch zu.

So schnell wird dieses unterschätzte Nahrungsmittel also nicht langweilig. Ganz im Gegenteil, Sie können damit sogar auf eine kleine kulinarische Weltreise gehen. Kartoffeln sind in vielen Küchen dieser Erde zu Hause – in allen europäischen Ländern, in Nord- und Südamerika, den arabischen Landesküchen, Persien und Indien. Was Sie dabei immer wieder feststellen werden: Kartoffeln schmecken hervorragend, wenn Sie ihnen nur die Chance dazu geben. »Kartoffeln sind die Trüffeln der Bürger« ist eine Kochbuch-Phrase, die einfach stimmt.

Less ist an Kartoffeln auch ihre Herkunft: Sie wachsen fast überall auf der Welt. Bestimmt auch in Ihrer Nähe. Das heißt, was Sie essen, muss nicht erst Hunderte oder Tausende von Kilometern über den Globus gekarrt werden, bevor es auf Ihrem Teller landet, sondern es stammt wahrscheinlich aus nächster Nähe. Nicht zu verachten ist auch der Faktor Preis. Kartoffeln kosten wenig, und zwar das ganze Jahr über. Probieren Sie einmal aus, für wie viele Mahlzeiten ein Sack Kartoffeln bei Ihnen ausreicht – und was Sie im Gegenzug dafür bezahlen. Selbst eineinhalb Kilo Bio-Kartoffeln oder Kartoffeln vom Bauernmarkt kosten in Deutschland nicht mehr als 1,50 Euro. Bei einem durchschnittlichen »Büromensch-Hunger« reicht das locker als Grundlage für fünf bis sechs Gerichte.

Das für die meisten Gerichte unerlässliche Garkochen der Kartoffeln geht übrigens einfacher, als man oft denkt. Entweder Sie legen sich gleich einen Schnellkochtopf zu oder Sie kaufen sich einen Siebeinsatz zum Dämpfen. Den Einsatz legen Sie in einen Kochtopf hinein, darunter ausreichend Wasser bis kurz unter das Sieb reichend. Kartoffeln in das Sieb legen, Deckel drauf – und dann auf kleiner Stufe etwa eine halbe bis ganze Stunde im Wasserdampf garen lassen. Selbst wenn Sie am Herd eher selten stehen: *Das* können Sie auf jeden Fall! Machen Sie sich eine Notiz in den Kalender: Ihr erster Tag, an dem Sie sich aus der Abhängigkeit von Konserven, Fertiggerichten, Pizza-Heimdiensten und Restaurants befreit haben. Zusätzlich schenkt Ihnen diese Art der Zubereitung ein wohl bemessenes Stückchen Zeit. Während die Kartoffeln wie oben beschrieben garen, können Sie zum Beispiel in der Zwischenzeit joggen gehen. Zu Hause zurück, ist Ihr Kartoffelvorrat für die nächsten Tage fertig gar gekocht.

Natürlich heißt das nicht, dass Sie ab sofort nur noch Kartoffeln essen sollen. Es ist eher eine Anregung, unterschätzten Nahrungsmitteln wie diesem auf Ihrem Speisezettel einfach wieder den Rang zu gewähren, den sie allein schon wegen ihrer Lessness-Qualitäten verdienen. Weitere »pure« Lebensmittel, die dem Lessness-Gedanken entsprechen, sind Blumenkohl, Kohlrabi oder Sellerie. Auch damit kann man sich einfach, günstig, gesund und äußerst genussreich ernähren. Probieren Sie es einfach aus!

Simple Food statt Fast Food

Auch Gerichte, die bei einer minimalen Anzahl an Zutaten großen Genuss bieten, verkörpern den Lessness-Gedanken beim Essen. Eines meiner persönlichen Lieblingsbeispiele dafür ist *Spaghetti aglio e olio*, ein Klassiker der italienischen Küche. Diese Spaghetti sind wirklich supersimpel zuzubereiten. Alles, was Sie dafür brauchen, sind einige wenige und vor allem fast durch die Bank günstige Zutaten. Die meisten davon finden Sie vermutlich in Ihrer Vorratskammer, was dieses Gericht auch zum genussvollen Notbehelf macht, wenn man das Einkaufen nicht mehr geschafft hat: Spaghetti, Knoblauch, möglichst hochwertiges Olivenöl, Salz, frisch gemahlener Pfeffer, eine Mini-Prise zerkleinerte getrocknete Chilischote (und ein wenig kleingehackte Petersilie, wenn man mag).

Richtig zubereitet und unter Verwendung eines wirklich guten Olivenöls verkörpert dieses Gericht perfekt die Devise »Weniger ist mehr« – und vor allem den damit verbundenen Genuss. Denn diese Spaghetti schmecken einfach hervorragend. Gerade wenn Sie sich hauptsächlich in Restaurants, Kantinen oder von Fast Food und Fertiggerichten ernähren, ist es eine interessante Erfahrung, Ihren Geschmackssinn einmal bewusst mit einfachen oder gar minimalistischen Gaumengenüssen dieser Art zu schulen. Freuen Sie sich zu erkennen, wie wenig es manchmal für ein genussvolles Essen braucht.

Der simpelste Snack der Welt

Snacken Sie auch beim Hunger zwischendurch auf Lessness-Art. Greifen Sie bei allen kleinen oder größeren Hungerattacken außerhalb der Essenszeiten einfach zu Äpfeln (am besten Bio-Ware). Millionenteure Werbekampagnen der Snack- und Süßwarenindustrie haben uns ja fast schon vergessen lassen, dass es gegen den »kleinen Hunger« auch noch etwas anderes gibt als kalorienreiche Schokoriegel oder Industriejoghurts, die mit immer genialeren Imitationen von Fruchtstückchen überraschen.

Wie wunderbar *less* sind im Vergleich dazu Äpfel: Sie kosten wenig, wachsen in unseren Breitengraden, brauchen keinen Kühlschrank und sind das ganze Jahr über problemlos verfügbar. Sie ersparen Ihnen so manches Fettpölsterchen, die sich beim gewohnheitsmäßigen Snacken von Süßigkeiten irgendwann doch einmal einstellen. Lose gekaufte Äpfel produzieren außerdem so gut wie keinen Verpackungsmüll. Sie brauchen nicht einmal geschält zu werden, wenn sie aus biologischem Anbau stammen. Und sie nötigen Ihnen auch keine Entscheidungen ab à la »Nehm' ich jetzt ›Crispy‹ oder ›Cranberry flavoured‹?«. In einer schönen Schale auf Ihrem Schreib- oder Wohnzimmertisch angerichtet, machen sich Äpfel ganz nebenbei sogar als zeitlose Dekoration nützlich. Und dass Sie schon mit einem Apfel pro Tag etwas für den Erhalt Ihrer Gesundheit tun, ist Ihnen vermutlich längst bestens bekannt: »An apple a day ...«

Machen Sie sich das Äpfelessen am besten so einfach wie möglich. Vor allem, wenn es bisher noch nicht so recht Ihre Sache war. Kaufen Sie sich zum Beispiel fürs Büro jeden Montag gleich Ihren Apfelvorrat für die gesamte Woche. Also zehn Stück, wenn Sie zweimal am Tag Lust zum Snacken bekommen. Aus diesem Vorrat bedienen Sie sich dann jeden Tag. Selbst Bio-Äpfel halten sich problemlos einige Tage. Falls Sie Obst grundsätzlich nicht so recht mögen: Betrachten Sie es einfach als Einwerfen von natürlichen Gesundheitspillen.

Bio – weil Sie es sich wert sind

Gerade wenn Sie Lebensmittel häufiger pur oder auf einfache Weise zubereitet essen, werden Sie schnell die Geschmacksunterschiede zwischen konventionell produzierter Ware und Bio-Produkten wahrnehmen. Greifen Sie deshalb allein schon aus Genussgründen möglichst oft zu Bio-Lebensmitteln, wenn es Ihr Haushaltsbudget erlaubt. Viele sind nicht nur gesünder als konventionell erzeugte Produkte, sondern schmecken auch besser! Sie brauchen nur einmal einen Vergleichstest zu machen, etwa zwischen Bio-Gurken und »normaler« Ware – wobei verrückterweise ja eigentlich »Bio« die normale Version ist: Hier werden die Lebensmittel so produziert, wie Sie es im Prinzip auch in Ihrem eigenen Garten machen würden, den Verzicht auf keulenartige Einsätze von Pestiziden vorausgesetzt. Oder vergleichen Sie einmal Duft und Geschmack einer Bio-Zitrone gegenüber der konventionell erzeugten Variante. Gerade wenn Sie noch Zweifel gegenüber Bio-Lebensmitteln verspüren, sollten Sie solche Duelle zwischen »Bio« und »Normal« veranstalten, am besten mit Grundnahrungsmitteln wie Obst, Gemüse, Milchprodukten, Brot oder Fleisch. Der Zeitaufwand einer solchen Aktion ist gering. Danach sind Sie ein für alle Mal nicht mehr auf die Vermutungen anderer angewiesen: »... das ist doch alles nur Betrug, dieses Bio-Zeug.« Vielleicht werden auch Sie häufiger feststellen, schon lange nicht mehr so intensiv und rein den Geschmack von Tomaten, Paprika oder Orangen wahrgenommen zu haben.

»Aber Bio-Sachen sind doch so teuer ...«

Natürlich spielt auch der Preis eine gewisse Rolle: Bio-Produkte kosten in den meisten Fällen immer noch mehr als konventionell erzeugte Lebensmittel. So billig wie eine Massentierhaltungsfarm oder eine holländische Treibhausstadt kann ein Bio-Betrieb einfach nicht produzieren, da er mit Tieren und Pflanzen wesentlich »humaner« umgehen muss. Im Bio-Lebensmittelgeschäft werden Sie auch Rabattorgien und Dauerniedrigpreis-Aktionen, wie sie Ihnen aus den Supermarktketten vertraut sind, so schnell kaum finden.

Was also tun, wenn Sie mehr Bio im Essen haben möchten, aber Ihr Budget nicht zusätzlich belasten wollen? Manchmal reicht es schon, von einer bestimmten Sache einfach weniger zu essen. Halbieren Sie zum Beispiel Ihren Fleisch- und Wurstkonsum und kaufen Sie dafür Schnitzel und Salami konsequent beim Bio-Händler ein. Selbst wenn die Sachen dort das Doppelte kosten würden – was so schnell nicht der Fall sein wird –, hätten Sie am Monatsende keinen Cent mehr ausgegeben! Kompensieren können Sie den Mehrpreis auch, indem Sie einige teurere Lebensmittel aus konventioneller Herstellung durch einfachere Produkte aus dem Bio-Markt ersetzen, die das gleiche Geld kosten: statt Zucht-Shrimps vom Discounter geräucherte Forellen-Filets aus dem Bio-Markt.

Natürlich muss sich niemand hundertprozentig bio ernähren. Vermutlich werden Sie weiterhin auch konventionell erzeugte Lebensmittel in normalen Supermärkten und Geschäften einkaufen – nicht nur aus preislichen Gründen, sondern auch, weil es eben noch längst nicht alles in Bio-Ausführung gibt, was man gern so isst. Egal: Genießen Sie einfach, wie weit Sie in Sachen Bio-Ernährung schon gekommen sind.

Kaufen Sie ein bei Mutter Natur

Vielleicht müssen Sie ja gar nicht sämtliche Lebensmittel kaufen. Besitzen Sie einen eigenen Garten, eine Terrasse oder einen Balkon? Alles Orte, an denen Sie zumindest ein kleines Kontingent an Obst und Gemüse selbst anbauen können! Das muss nicht unbedingt in Arbeit ausarten. Viele Menschen kennen und schätzen den meditativen Charakter, den Gartenarbeit haben kann. Falls Ihnen dazu nur deutsche Schrebergartenkolonien voller Wichtelfiguren einfallen, denken Sie an klassische toskanische oder englische Nutzgärten. Gerade für uns moderne Zivilisationsmenschen, für die Obst und Gemüse im Supermarkt wachsen, kann die Wiederentdeckung des Selbstanbauens ein echtes Erlebnis sein. Säen, wachsen, ernten – Sie haben wieder den ganzen Prozess vor Augen, wie Ihre Nahrung eigentlich entsteht. Genießen Sie die symbolhafte Erfahrung, sich selbst zu ernähren, von der eigenen Scholle zu leben. Und wenn Sie sich dann mit der täglichen Ernte aus Ihrem ganz privaten Obst- und Gemüseladen etwas zu essen machen, wird es auch geschmacklich ein besonderer Genuss sein, der keinerlei großer Ergänzungen bedarf – der Ihnen aber zeigen wird, wie lausig in Wahrheit die Supermarkt-Tomaten schmecken.

Ran an den Herd!

Natürlich: Von allein verwandeln sich Gemüse, Fisch und Fleisch nicht so leicht in ein einladendes Gericht. Wer den Lessness-Stil beim Essen verwirklichen will, kommt um das Kochen nicht herum.

Aber was heißt drum herumkommen? Vielleicht gehören Sie ja zu den Menschen, die durchaus Spaß am Kochen haben. Immer häufiger wird Kochen auch zum geselligen Event: Laden Sie Ihre Freunde ein, gemeinsam mit Ihnen in der Küche zu werkeln. Und niemand sagt ja, dass Essen *less* bedeutet, Sie müssten künftig jeden Tag am Herd stehen. Es lohnt sich einfach, wenn Sie sich für die interessanten Erfahrungen und Erlebnisse, die das Selberkochen mit sich bringt, einmal bewusst öffnen. Zum Beispiel der eigenhändige Umgang mit den Produkten der Natur, das bewusste Anfassen der Rohware im Gegensatz zum Aufreißen einer Fertiggericht-Verpackung. Die Entschleunigung des Kochvorgangs: Statt nach zwei Minuten das »Bing!«-Signal der Mikrowelle zu hören und dann nur noch loszumampfen, erleben Sie Schritt für Schritt, wie aus rohem Gemüse ein Ratatouille wird. Hinzu kommt das Erfolgserlebnis, das Sie sich mit jedem Gericht bescheren, wenn Sie ab jetzt sagen können: »Das habe ich *selbst* gekocht.«

Selberkochen gibt Ihnen im Übrigen mehr Raum für Ihre eigene Phantasie und Kreativität. Sie können sogar Urlaubserinnerungen nachkochen. Und Sie haben eine bessere Kontrolle darüber, was in Ihrem Essen wirklich drin ist. Auch der soziale Aspekt ist nicht zu verachten, wenn Sie für Ihren Lebenspartner, die Familie oder Ihre Freunde einmal auftischen. Machen Sie diese Erfahrungen, falls Sie bisher darauf verzichtet haben. Selbst als skeptischer Vertreter des männlichen Geschlechts werden Sie in Ihrem Freundeskreis mindestens eine Person kennen – männlich oder weiblich –, der es Spaß macht, hin und wieder selbst am Herd zu stehen, und die Sie gern einweiht. Freuen Sie sich dann über Ihre neue Freiheit: Ab jetzt sind Sie nicht mehr auf Restaurants, Fast Food, Fertiggerichte oder die Kochlaune anderer angewiesen, sondern können sich bei Bedarf einfach selbst an den Herd stellen – und sich genau das machen, worauf Sie gerade Lust haben. Dass Sie dabei meist auch den einen oder anderen Euro sparen und sich dafür umso hochwertigere Zutaten leisten können, macht das Selberkochen zusätzlich interessant.

Für wie viele Tage essen Sie im Voraus?

Sie ahnen es schon: Beim Essen *less* stellt sich nicht nur die Frage, was Sie essen, sondern auch wie viel. Viele von uns essen oft noch dann, wenn der Hunger schon längst gestillt ist, oder hauen sich aus Gewohnheit große Portionen auf den Teller. Dabei haben die meisten Menschen mit ihren sitzenden Büroberufen einen relativ geringen Kalorienbedarf (deutlich unter 2000 Kalorien am Tag). Falls Sie nicht ohnehin schon maßvoll essen: Versuchen Sie es mit der Lessness-Devise auch einmal bei der Menge der Nahrung, die Sie zu sich nehmen. Geben Sie sich bewusst überschaubare Portionen auf den Teller. Holen Sie sich lieber einen Nachschlag, als alles gleich auf den Teller zu tun. Essen Sie von kleineren Tellern. Wenn Sie sich mit großem Hunger an den Tisch setzen, gönnen Sie sich – ganz nach dem Vorbild der südländischen Küchen – vor dem Hauptgericht eine kleine Vorspeise: einen Salat, frisches Vollkornbrot mit ein paar Oliven, eine Suppe oder gleich einen richtigen Antipasti-Teller. Notfalls tut's auch ein Apfel. Warten Sie dann mit dem Hauptgericht zwanzig Minuten. Selbst der größte Hunger ist jetzt ein wenig gezähmt, Sie essen automatisch weniger.

Weiterer Vorteil: Je weniger Sie auf dem Teller haben, desto langsamer werden Sie essen. Denn das Gefühl, die Menge »schaffen« zu müssen, das sich bei großen Portionen gern einstellt, fällt einfach weg. Sie erkennen, dass Sie am besten genießen können, wenn Sie sich Zeit lassen, um das wenige voll auszukosten.

Machen Sie sich diese Methode zur Gewohnheit. Sie werden sich auf Dauer rundum wohler fühlen: kein voller Magen mehr, der Ihren Körperkräften Energie entzieht, geistig träge macht und der abends sowieso keine große Lust auf Verdauen hat. Stattdessen spüren Sie körperlich ein Gefühl der Leichtigkeit. Auch Ihr Kopf ist nach dem Essen klarer. Vor allem nach dem Mittagessen knickt Ihre Leistungskurve nicht mehr so stark ein. Nachts haben Sie einen ruhigeren, erholsameren Schlaf, frei von Albträumen, zu denen ein voller Magen gern anregt. Auch die Figur dankt's. Und falls Sie bisher eher dazu neigten, stets ein wenig zu viel zu essen, können Sie jetzt das gute Gefühl genießen, dass Sie immer noch Herr über Ihre Gelüste sind und nicht umgekehrt. Ganz nebenbei reduzieren Sie auch damit Ihre Ausgaben fürs Essen. Für das Gesparte können Sie sich dafür qualitativ umso hochwertigere Lebensmittel und Speisen leisten. Und Sie werden vermutlich die interessante Erfahrung machen, dass sich der menschliche Körper recht schnell daran gewöhnen kann, etwas weniger zu essen. Schon nach wenigen Wochen werden Sie die großen Portionen von einst kaum mehr vermissen.

»Dr. Feelgood«: Heilfasten

Möglicherweise machen Sie die positiven Erfahrungen beim Wenigeressen irgendwann sogar neugierig auf eine Heilfastenkur – auch wenn das Wort nicht gerade einladend klingt. Fast alle Menschen, die einmal eine Fastenkur gemacht haben und damit ihre Ernährung über kurze Zeit ganz intensiv auf *less* gestellt haben, waren danach begeistert: Durch den Entgiftungseffekt gewannen sie neue Energie, brauchten weniger Schlaf und fühlten sich geistig einfach wacher. Es kann ein echter Hochgenuss sein, auf diese Weise wieder neue Vitalität in sich zu entdecken. Nicht wenige gewöhnen sich dabei sogar das Rauchen ab, fahren ihren Alkoholkonsum herunter, finden wieder mehr Lust am Sport oder freuen sich darüber, dass ihnen das Essen danach wieder richtig schmeckt, weil der Geschmackssinn wieder besser funktioniert. Ganz nebenbei schont eine Heilfastenkur auch das Haushaltsbudget. Denn große Lebensmitteleinkäufe oder gar Restaurantbesuche fallen in dieser Zeit schlicht und einfach weg.

Fragen Sie im Zweifelsfall Ihren Hausarzt, ob sie körperlich gesund sind und kein Untergewicht haben. Wenn sie außerdem psychisch stabil sind und nicht gerade unter extremer Belastung stehen: Versuchen Sie es doch einmal. Ein guter Zeitpunkt für eine Fastenkur ist der Urlaub, denn dann haben Sie die nötige Ruhe dafür – zum Beispiel in einem Ferienhaus. Oder Sie buchen einen Aufenthalt in einem speziellen Hotel, das auf Heilfasten spezialisiert ist. Falls Ihnen eine ganze Fastenkur zu viel erscheint, können Sie es stattdessen mit einem wöchentlichen Fasten- oder »Wenigessen«-Tag versuchen. Gut geeignet ist dafür zum Beispiel der Montag, an dem Sie Ihrem Körper dann einfach einen Schontag gönnen. Damit gleichen Sie auch die eine oder andere Essenssünde vom Wochenende wieder aus. Wie auch immer Sie das Abenteuer Fasten angehen: Besorgen Sie sich auf jeden Fall ein geeignetes Sachbuch, wie zum Beispiel *Fasten* von Gerhard Leibold.

Essen *less* im Restaurant

Auch im Restaurant geht Essen *less*. Teilen Sie sich zum Beispiel öfter einmal ein Hauptgericht mit Ihrer Begleitung. In vielen Fällen wird man Ihnen gern ein Gericht auf zwei Tellern anrichten. Ansonsten fragen Sie einfach nach einem Extrateller und verteilen das Essen selbst. Nicht nur in griechischen, chinesischen oder indischen Lokalen reicht eine Hauptspeise oft problemlos für zwei. Vor allem dann, wenn sich jeder zuerst eine Vorspeise gönnt und man auch beim Weißbrot, Fladenbrot oder Nan nach Herzenslust zugreift. Der Vorteil dieser Methode: Das überpappsatte Gefühl nach dem Essen entfällt, dafür haben Sie dank der Vorspeise abwechslungsreicher gegessen. Wenn Sie allein sind und nicht gerade Riesenhunger haben, fragen Sie einfach nach einer halben Portion – selbst wenn diese in Deutschland hin und wieder unter der grässlichen Bezeichnung »Seniorenteller« angeboten wird.

Wie auch immer Sie es machen, diese Taktik ist einfach angenehm *less*: Sie fühlen sich nach dem Essen besser, sind trotzdem aber fast immer ausreichend satt. Auch die Rechnung fällt moderater aus. Falls Sie unter der Woche mittags in der Kantine essen: Flexibilität ist zwar nicht unbedingt eine der großen Stärken von Kantinen, aber auch hier können Sie nach halben Portionen fragen. Solche Portionen kosten natürlich weder in Kantinen noch in Restaurants automatisch die Hälfte, denn der Fixkosten-Anteil im Preis bleibt ja gleich, aber sie sind immerhin etwa um ein Drittel günstiger.

Essen: Ab jetzt wieder Hauptsache!

Steigern Sie die Freude am Essen *less*, indem Sie die Speisen zu Hause schön anrichten: ohne Pomp, sondern als sichtbares Zeichen der Wertschätzung Ihnen selbst und Ihren Mitessern gegenüber. Essen Sie, sooft es geht, in angenehmer Gesellschaft, mit Menschen, die Sie mögen. Pflegen und fördern Sie die Kunst, am Tisch eine angenehme Konversation zu führen, die deshalb nicht platt sein muss. Zwischendurch auch mal zu schweigen, ist ebenfalls keine schlechte Idee. Halten Sie vom Essen alles fern, was den atmosphärisch sensiblen Moment der Nahrungsaufnahme stört: etwa gleichzeitiges Fernsehen, Telefonieren, Lesen oder hitzige Diskussionen am Tisch. Für all das ist Zeit, wenn Sie das Besteck zur Seite gelegt haben.

Trinken? Zurück zur Quelle!

Auch das Trinken ist heute ein Thema, bei dem Lessness angebracht ist. Löschte der Urmensch seinen Durst noch vollständig mit Wasser, sieht das Trinkverhalten des modernen Menschen meist ganz anders aus: Oft sind es Kaffee, Tee, Cola, Limonade sowie alkoholische Getränke, die den größten Teil der Flüssigkeitsaufnahme ausmachen. Wählen Sie öfter einmal die Lessness-Alternative dazu, das simpelste Getränk der Welt: Wasser!

Mineralwasser ist der ursprünglichste Durstlöscher, der dem Menschen zur Verfügung steht. Sauberes, natürliches Wasser, das ausreichend Mineralien und Spurenelemente enthält, ist für den Körper eines der wenigen wirklich idealen Getränke, allein schon weil es frei ist von jeglichen Zusätzen. Auf der Mineralwasserflasche brauchen Sie keine Inhaltsbeschreibungen zu lesen: Wasser enthält weder Zucker noch Koffein, Alkohol, Farb- oder Aromastoffe. Weder macht es dick, noch wird man davon betrunken. Es greift nicht die Zähne an und hinterlässt auch keine Beläge darauf. Wasser muss auch nicht erst großartig industriell behandelt werden, damit es haltbar ist. Sie können Wasser ohne jedes schlechte Gewissen trinken, bei normaler Gesundheit auch in größeren Mengen. Und es kommt der biologischen Aufgabe des Trinkens, nämlich den Durst zu löschen, am nächsten. Wasser ist ohne Schnörkel, ohne Show, ohne Folgen – total *less*. Bereits in seinem natürlichen, also sauberen Ursprungszustand ist es fix und fertig, ohne dass der Mensch oder die Industrie groß etwas dafür tun müssen. Es muss nur gefördert und abgefüllt werden.

So einfach und wohltuend *less* Mineralwasser als Getränk ist, so hohe Ansprüche sollten Sie an seine Qualität stellen. Testen Sie einmal verschiedene Sorten im Vergleich. Im Laufe der Zeit wird Ihr Geschmackssinn ein Gespür für die Unterschiede entwickeln, die zwischen einem billigen Tafelwasser und einem Mineralwasser aus einer Gebirgsquelle liegen.

Gönnen Sie Ihrem Körper das beste Mineralwasser, das Sie auf diese Weise finden können – und gönnen Sie es ihm so oft wie möglich. Haben Sie die Wahl zwischen mehreren qualitativ und geschmacklich gleichrangigen Sorten, nehmen Sie das, welches in der geringsten Entfernung von Ihrem Wohnort abgefüllt wird. Trinken Sie möglichst Mineralwasser mit nur wenig oder gar keiner Kohlensäure, so wie es in den meisten anderen Ländern bevorzugt wird. Dann haben Sie dieses Lessness-Getränk so ursprünglich im Glas, wie es die Natur für Sie vorgesehen hat.

Holen Sie sich Ihr Wasser selbst!

Vielleicht gefällt Ihnen auch die Idee, sich Ihr Lessness-Getränk Wasser hin und wieder direkt aus der freien Natur zu besorgen. Besuchen Sie eine natürliche »Wassertankstelle« – eine Quelle. Wenn Sie in einer wasserreichen Region leben, gibt es sicher auch in Ihrer Umgebung öffentlich zugängliche Quellen; viele davon sind in Form kleiner Kapellen »erschlossen«. Achten Sie lediglich darauf, dass die Quellen einigermaßen entfernt von Siedlungen und intensiv bewirtschafteten landwirtschaftlichen Flächen liegen.

Vor hundert Jahren, als es noch keinen flächendeckenden Anschluss an das Wasserleitungsnetz gab, waren Quellen eine ganz selbstverständliche Möglichkeit, sich mit Wasser zu versorgen. Nicht wenige davon, vor allem auf dem Land, sind bis heute in Betrieb. Bei manchen kann es sogar sein, dass Sie am Wochenende eine größere Gruppe Menschen davor antreffen, die geduldig anstehen, um das Wasser aus der Quelle in Flaschen abzufüllen und mit nach Hause zu nehmen. Versuchen Sie es: Quellwasser zu trinken, das Sie sich selbst geholt haben, kann ein archaisches Erlebnis sein – eine echte Kontrasterfahrung in einer Zeit, in der Wasser für die meisten Menschen aus dem Hahn und dem Supermarkt kommt.

Ihre Augen trinken mit

Sie können die Freude an hervorragendem Mineral- oder Quellwasser noch steigern, wenn Sie es aus Gläsern trinken, die dafür besonders gut geeignet sind. Probieren Sie »Ihr« Mineralwasser einmal aus edlen, speziell dafür gedachten Trinkgläsern. Lassen Sie sich in einem Haushaltswarengeschäft beraten. Viele Weinglas-Serien haben auch ein eigenes Wasserglas im Programm. Sie werden staunen, wie viel Genuss Sie mit solchen Gläsern aus Ihrem Lieblingsmineralwasser zusätzlich herausholen.

Oft reicht Wasser einfach aus

Wasser ist auch ein ansprechender Ersatz für manch eines Ihrer anderen gewohnten Getränke. Wenn Sie Ihren täglichen Kaffeekonsum ein wenig reduzieren wollen, versuchen Sie es mit heißem Wasser, das Sie sich in der Kaffeetasse servieren. Sie werden überrascht sein: Nach einigen Wochen hat sich der Körper daran gewöhnt. Dann akzeptiert er selbst beim Frühstück heißes Wasser als neues Ritualgetränk, um die Lebensgeister in Fahrt zu bringen.

Bei großer Hitze ist es ebenfalls keine schlechte Idee, von eisgekühlten Getränken wie Cola auf warmes oder sogar heißes Wasser umzusteigen. In vielen südlichen Ländern oder in Arabien trinken die Menschen seit Jahrhunderten traditionell heißen Tee.

Machen Sie es sich auch bei der abendlichen Runde mit Freunden, wenn alkoholische Getränke wie Bier und Wein auf dem Tisch stehen, zur Gewohnheit, nebenbei immer Wasser zu trinken. Das mindert die Wirkung des Alkohols und gibt dem Körper wieder etwas von der Flüssigkeit zurück, die ihm der Alkohol entzieht. Es kann Sie also nicht ganz so sehr erwischen, falls Sie einmal etwas mehr getrunken haben sollten, als Ihnen gut tut.

Häufiger Mineralwasser zu trinken, ist außerdem die einfachste Methode, den gewohnheitsmäßigen Konsum von Softgetränken wie Cola, Cola-Mix, Limonaden oder manch einem zuckrigen Fruchtsaftgetränk auf *less* zu stellen. Nach einiger Zeit werden Sie viele dieser süßen Getränke gar nicht mehr vermissen. Sie gönnen sie sich dann nur noch, wenn Sie wirklich große Lust darauf verspüren.

Der liebe Alkohol

Dass Trinken *less* auch heißen kann, weniger Alkohol zu konsumieren, wird Sie sicher nicht überraschen. Vielleicht keine so schlechte Idee, Ihre Trinkgewohnheiten in Sachen Alkohol einmal unter die Lupe zu nehmen. Während man in südlichen Regionen wie Italien oder Spanien als sichtlich Betrunkener ganz schnell unten durch ist, steht in nördlichen Ländern wie Deutschland beim Trinken von Bier und Wein immer noch gern die Menge im Vordergrund. Gerade unter Männern gilt es teilweise nach wie vor als Tugend, »ordentlich was vertragen« zu können. Dass der Genuss dabei irgendwann auf der Strecke bleibt, die Folgeerscheinungen am nächsten Tag oder im späteren Leben dafür umso heftiger sein können, weiß wohl jeder aus eigener Erfahrung.

Ein möglicher Ausweg: Gewöhnen Sie sich an, Mischgetränke wie Radler und Weinschorle zu trinken, wenn Sie nicht gerade ganz bewusst Lust auf ein Bier oder ein Glas Wein haben. Das lohnt sich vor allem, wenn Sie sich mit Freunden und Bekannten in geselliger Runde treffen und man auch mal ein Glas mehr trinkt. Wenn Sie bei der gleichen Menge bleiben wie bisher, reduzieren Sie so Ihren Alkoholkonsum um die Hälfte, ohne dass der Genuss dabei viel weniger wäre – denn hier haben die Getränke ja eher eine Begleitfunktion. Sie sitzen nicht beisammen, um mit allen Sinnen ein Bier zu trinken, sondern um sich mit den anderen zu unterhalten.

Diese Methode funktioniert auch bei Sekt oder Prosecco, wenn Sie ihn mit Orangensaft mischen. Falls Sie Ihren Wein trotzdem gern pur trinken: Stellen Sie immer ein Glas oder eine Flasche Mineralwasser dazu. Wenn Ihnen das im Lokal zu teuer ist, reicht ein Glas Leitungswasser. Trinken Sie abwechselnd Wasser und Wein. Gönnen Sie sich »richtige« alkoholische Getränke in erster Linie dann, wenn Ihre Sinne so offen dafür sind, dass Sie ganz bewusst genießen können – zum Beispiel das frisch eingeschenkte Pils zum Feierabend auf der Terrasse oder den großen Rotwein zum festlichen Dinner.

Sinnlicher Genuss mit Maß: große Weine

Apropos Wein: Er ist es, der unter den alkoholischen Getränken die Lessness-Idee des »Weniger ist mehr« plus dem damit verbundenen Genuss vielleicht am besten vertritt. Vor allem qualitativ hochwertigere Weine lassen sich nicht so einfach runterschütten, außer man legt es mit Gewalt darauf an. Stattdessen verführen sie zum langsamen Trinken und Genießen. Geschmack, Geruch und der Anblick des Weines im Glas summieren sich zu einem intensiven Erlebnis. Man trinkt von diesen Weinen automatisch nicht so viel, weil das Trinkerlebnis bei jedem Schluck viel intensiver ist – besonders wenn der edle Tropfen zu passenden Speisen gereicht wird.

In Frankreich, einem der Mutterländer des Weingenusses, hat man sogar eine eigene Maßeinheit dafür entwickelt: Sie heißt »Caudalie« und drückt aus, wie lange ein Schluck Wein nach dem Trinken noch im Mund und in den Sinnen präsent bleibt: 1 Caudalie entspricht einer Sekunde. 20 Caudalies sind gut, 50 und mehr grandios. Natürlich hat ein erlesener Wein seinen Preis. Doch den werden Sie vielleicht gar nicht immer bemerken. Denn dank des intensiveren Geschmackserlebnisses verschafft auch schon eine Flasche anstelle von zweien sinnliche Befriedigung. Eine ähnliche Erfahrung werden Sie in guten Restaurants oder Weinbars machen, wenn Sie sich von einem anständigen Rot- oder Weißwein ein 0,1-Liter-Glas statt eines Viertelliters zum Essen servieren lassen.

Fit bleiben ohne Aufwand

Keine Frage: Mit regelmäßigem, aber mäßigem Sport tun Sie Ihrem Körper wie auch Ihrer Seele etwas Gutes. Allerdings haben intensives Marketing und das Ausrufen von immer neuen Trendsportarten dafür gesorgt, dass das Trimmen von Muskeln und Kondition heute manchmal ganz schön aufwendig sein kann. Schon allein wenn Sie sich nichts weiter als ein Paar Laufschuhe zulegen wollen, werden Sie im Geschäft Bekanntschaft mit allerlei High-Tech-Begriffen machen. Schnell schwirrt einem der Kopf vor lauter verschiedenen Oberflächenmaterialien, Sohlenaufbau-Varianten, Dämpfungssystemen und Aktiv-Atmungsfunktionen – dabei wollten Sie einfach nur mal wieder gemächlich durch den Park joggen.

Kein Wunder: Die Sportindustrie leidet wie viele andere Branchen daran, dass wir für die Sportarten, die wir betreiben, längst komplett mit Ausrüstung eingedeckt sind. Der einzige Ausweg, um dem Geschäft trotzdem ständig neuen Schwung zu verpassen, heißt deshalb, technische und modische Entwicklungen voranzutreiben. Dieses Jahr ist ein tailliertes Outfit angesagt, in der nächsten Saison machen Sie nur mit neonfarbenem Equipment eine gute Figur. In der Skiindustrie blickt man schon gar nicht mehr durch, in wie vielen verschiedenen Varianten die Bretter inzwischen angeboten werden. Ergebnis: Selbst wer nach nur zwei bis drei Jahren Pause in den Alpen wieder auf die Piste geht, ist meist nicht wenig schockiert, wie sehr die eigene Ausrüstung samt Outfit inzwischen technisch veraltet und »out of style« ist. Eine Entwicklung, die Sie desto mehr Zeit und Geld kostet, je mehr Dinge Sie für das Ausüben einer Sportart brauchen – vor allem bei Wintersportarten, bei denen man neben dem entsprechenden Sportgerät auch noch einen großen Bestand an Schutzkleidung benötigt.

Manches Vergnügen besteht darin,
dass man mit Vergnügen darauf verzichtet.
Peter Rosegger

Moderne Trendsportarten setzen meist noch einen drauf: Oft gibt es einen regelrechten Katalog, welche Ausrüstung Sie brauchen, wann sie veraltet und durch Neues ersetzt werden muss, wo Sie den Sport ausüben müssen oder welche Bewegungstechniken Sie sich samt entsprechendem Fach-Slang anzueignen haben, wenn Sie wirklich »dazugehören« wollen. In der alten Bundesrepublik konnte man diesen Prozess erstmals in den siebziger Jahren beobachten, als das Skifahren zum angesagten Breitensport wurde. Die Ausrüstung, die Sie zum trendsporteln brauchen, müssen Sie dann auch noch irgendwo zu Hause unterbringen: wieder eine Kellerecke mehr belegt. Hin und wieder ist sogar ein neues Auto fällig, um all die vielen Sportsachen überhaupt zum Einsatzort transportieren zu können.

Aber auch wir selbst machen uns das Sporttreiben manchmal unnötig kompliziert. Da nehmen wir uns dann gleich die durchtrainierten Sportmodels von den Titelseiten der Fitnesszeitschriften zum Vorbild, oder wir orientieren uns an Trainingsplänen, die doch arg ehrgeizig sind. Manch einer deckt sich mit einer Profi-Ausrüstung ein, die jedem Olympiateilnehmer zur Ehre gereichen würde, obwohl angesichts der mauen Kondition ein T-Shirt zum Laufen völlig gereicht hätte.

Wie *less* ist Ihre Sportart eigentlich?

Lessness beim Sport beginnt schon mit der Entscheidung für Ihre Sportart. Halten Sie sich verstärkt an Disziplinen, die wenig an einen bestimmten Ort gebunden sind und die Sie überall in Ihrer Nähe ausüben können. Gut ist es auch, wenn Sie keine komplizierte oder vielteilige Ausrüstung benötigen. Suchen Sie sich ein Sportmetier, in dem nicht jedes Jahr neue Ausrüstungen und Outfits fällig sind, um sich in der Liftschlange oder auf dem Trail nicht als »von gestern« zu outen. Wenn Sie sich trotzdem einmal für eine trendige Sportart entscheiden: Kaufen Sie nicht sofort das gesamte Zubehör, sondern steigen Sie nach und nach ein. So können Sie in Ruhe herausfinden, ob Ihnen die Sache gefällt oder ob sie doch nicht so spektakulär ist, wie es im Fernsehen aussieht.

Laufen Sie!

Eine echte Lessness-Sportart ist das Joggen. Sie können es fast das ganze Jahr über tun, praktisch an jedem Tag. Die Kosten sind lächerlich gering: Sie brauchen nahezu keine teure Ausrüstung, außer einem Paar wirklich guter Laufschuhe und vielleicht einem Fachbuch, das Sie in das kleine Einmaleins des Laufens einführt. Alles andere kann ganz normale, einfache Sportbekleidung sein. Ihr gesamtes Equipment passt damit in eine halbe Schublade. Auch auf besondere Sportstätten, die man erst einmal mit dem Auto ansteuern muss und die Mitgliedsbeiträge kosten, sind Sie nicht angewiesen. Ganz im Gegenteil: weiche Wald-, Park- und Feldwege sind das Beste für Ihre Beine.

Ziehen Sie los! Der nächste Wald oder Stadtpark ist sicher auch bei Ihnen nicht weit. Vielleicht haben Sie sogar ein Flusstal oder ein ausgedehntes Netz von Feldwegen in der Nähe zur Auswahl. Genießen Sie es, beim Joggen durch das viele Draußensein ein ganz neues Gespür für die Jahreszeiten zu entwickeln. Gehen Sie raus, egal wie das Wetter ist: Erleben Sie die intensive Hitze eines Augustabends oder die Schneekälte an einem Morgen im Januar.

Freuen Sie sich, wie Ihre Leistungsfähigkeit schon nach wenigen Wochen deutlich ansteigt. Vor allem wenn Sie Anfänger sind. Sie brauchen nicht einmal besondere Messgeräte, um dies festzustellen. Sie sehen Ihren Zuwachs schon allein daran, dass Sie immer weiter entfernte Ziele auf Ihrer Route ansteuern können oder immer mehr Runden schaffen. Gleichzeitig härtet sich Ihr Körper langsam, aber sicher ab. Ihre Widerstandskraft nimmt zu. Sogar Ihre Ernährung wird mit der Zeit gesünder: Ein Körper, der häufig läuft, signalisiert Ihnen eindeutiger, womit er ernährt werden will und was gut für ihn ist. Angenehm ist auch die weitgehende Trendlosigkeit des Laufens.

Klar, für solche Spielereien hat diese Sportart vom Materialeinsatz her einfach zu wenig zu bieten. Aber nicht nur dieser Aspekt macht das Laufen so interessant.

Als Jogger können Sie sich sogar die Kosten für teure Lebensberatungen oder Kreativseminare sparen: Joggen macht den Kopf so frei, dass Sie beim Laufen ganz nebenbei immer wieder auf neue Ideen kommen oder Ihnen plötzlich die Lösung für das eine oder andere Problem einfällt. Darüber hinaus ist dieser Sport auch ein natürlicher und kostenloser Stimmungsaufheller: Wenn Sie frustriert vom Büro nach Hause kommen, brauchen Sie nur ein paar Runden zu laufen. Danach sieht die Welt fast immer besser aus.

Wandern Sie los!

Lassen Sie sich nicht abschrecken von dem altmodischen Namen oder den alpenländischen Kitschbildern, die Ihnen jetzt vielleicht in den Kopf kommen: Wandern ist eine der schönsten Sportarten less. Auch hier brauchen Sie sich mit dem Thema Ausrüstung nicht großartig auseinander zu setzen. Ein Paar vernünftige Wanderstiefel aus dem Fachgeschäft und passende Kleidung – das ist alles. Weiterer Vorteil: Wandern geht praktisch überall, wo Ihnen genügend freie Landschaft zur Verfügung steht. Vielleicht können Sie sogar direkt von Ihrer Haustür aus loslegen.

Beim Wandern sind Sie im menschenfreundlichsten Tempo unterwegs, das es gibt: Schrittgeschwindigkeit. In aller Ruhe können Sie so die Eindrücke der Landschaft, der Natur und des Wetters auf sich wirken lassen. Und falls Sie Wandern bisher für keinen »echten« Sport hielten: Gehen Sie einmal drei, vier oder mehr Stunden auf Tour. Selbst wenn Sie im Flachland unterwegs sind, werden Sie danach sehr wohl merken, dass Ihre Muskeln ordentlich im Einsatz waren. Vor allem, wenn Sie einen festen Schritt vorgelegt haben.

Sie wohnen mitten in der Großstadt, und der Weg aufs freie Land hinaus ist Ihnen zu weit? Sie können trotzdem wandern: Pilgern Sie einfach an einem Sonntag, wenn der Verkehr ruhig ist und nur wenige Autoabgase die Luft belasten, quer durch Ihre Stadt. Stellen Sie sich eine schöne Route zusammen, über viele kleine und ruhige Nebenstraßen, quer durch einige Parks oder entlang eines Flussufers. In München zum Beispiel kann man stundenlang immer geradeaus durch den Englischen Garten gehen oder am Isarufer wandern – beide ziehen sich kilometerlang durch die Stadt. Und selbst im zubetonierten Paris lässt es sich einen halben Tag an der Seine entlangflanieren.

Treten Sie in die Pedale

Machen Sie auch Ihr Fahrrad zum Sportgerät. Sie müssen ja nicht gleich für viel Geld ein nagelneues High-Tech-Mountain- oder Trekkingbike kaufen. Nehmen Sie erst einmal Ihr altes Rad und radeln Sie los. Kurven Sie zwei, drei Stunden auf dem Sattel durch die Gegend: Auch das ist Sport und bringt Ihnen auf Dauer eine bessere Kondition. Erfreulich *less* auch hier: Die passenden Sportstätten – vom geteerten Radweg bis zum stillen Waldweg – beginnen direkt vor Ihrer Haustür und dehnen sich praktisch unendlich weit aus. Selbst Großstädte weisen heute meist ein passables und gut beschildertes Radwegnetz aus. Abwechslung gibt es genug: Sie können immer wieder neue Routen fahren. Die Nutzung des »Sportareals« ist gebührenfrei. Nebenbei sehen Sie viel von der Gegend, sind wieder mehr draußen und lernen Ihre Heimatregion vielleicht ganz neu kennen. Wenn Sie einen Drahtkorb auf den Gepäckträger schnallen, können Sie bei dieser gemäßigten Form des Radsports auf der Hin- oder Rückfahrt noch das eine oder andere erledigen, zum Beispiel die Post zum Briefkasten bringen oder in der Bäckerei einkaufen.

Schwimmen: Weniger Ausrüstung geht nicht

Schwimmen ist auf ganz besondere Weise sporteln *less*. Hier können Sie bei der Ausrüstung den größten Minimalismus pflegen. Denn alles, was Sie brauchen, sind wenige Gramm schwere Badeklamotten und ein Handtuch. Bei den Sportstätten hat man gerade in Deutschland viel Auswahl, denn inzwischen sind selbst die kleinsten Gemeinden mit eigenen Hallen- und Freibädern ausgerüstet. Im Sommer gibt es den Schwimmsport außerdem kostenlos an jedem Badesee.

Fitnessstudios *less* – das gibt es!

Sie möchten gern ins Fitnessstudio gehen? Schauen Sie sich genau um, damit Sie nicht unnötiges Brimborium mitbezahlen müssen.

Vielleicht brauchen Sie die vielen Extras, Zusatzprogramme und gastronomischen Angebote ja gar nicht. Wenn es Ihnen nur um ein wenig Körper- und Muskeltraining geht, reicht ein Studio ohne laute Musik oder Bar und Extrageschäfte mit Drinks und Pülverchen. Fast in jeder größeren Stadt in Deutschland finden Sie beispielsweise eine Filiale der Fitnessstudio-Kette Kieser-Training, die sich genau auf den Anspruch Fitness pur und sonst nichts spezialisiert hat.

Borgen bringt weniger Sorgen

Wie in allen anderen Lebensbereichen bedeutet Lessness auch beim Sport natürlich nicht, dass Sie sich streng für oder gegen etwas entscheiden müssen. Manchmal haben Sie vielleicht einfach Lust, sich ein paar Tage in den Alpen auf der Skipiste auszutoben, oder wollen sehen, wie Sie sich auf dem Wakeboard machen. Müssen Sie deshalb gleich die ganze Ausrüstung dafür kaufen? Natürlich nicht. Fast jedes Sportgerät lässt sich heute ausleihen. Dank des Internets finden Sie meist im Nu heraus, wo.

Ski- und Snowboard-Ausrüstung können Sie zum Beispiel oft direkt an den Talstationen der Liftanlagen ausleihen. Nicht wenige Verleiher sind hervorragend ausgestattet und bieten Ihnen sogar dann erstklassiges Gerät, wenn Sie höhere Ansprüche an die Ausrüstung stellen. Und während sich alle anderen nach Liftschluss oder bei der Heimreise mit dem Schleppen und Verstauen von Skiern, Stöcken oder Boards abmühen, schlendern Sie gemütlich auf einen Espresso in die nächste Bar. Genauso hat man in jedem Badeort mehrere Möglichkeiten, Surfbretter zu leihen. Später geben Sie die Sachen einfach wieder ab und fahren – im wahrsten Sinne des Wortes – unbeschwert nach Hause. Auf diese Weise können Sie problemlos verschiedene Sportarten und Gerätschaften ausprobieren und erst einmal Ihre Erfahrungen damit sammeln.

Wie fit Sie sein wollen, bestimmen immer noch Sie!

Zu Lessness beim Sport gehört vor allem eine entspannte mentale Einstellung. Die brauchen Sie, wenn Sie den Virus Leistungsdruck wenigstens hier in Schach halten wollen. Lassen Sie sich nicht von den Titelbildern der Sport- und Lifestylezeitschriften oder den Angebereien von Arbeitskollegen verrückt machen. Muskeln wachsen nur, wenn man ihnen mit Pausen auch Gelegenheit dazu gibt – und nicht am nächsten Tag gleich wieder vier Stunden im Fitnessstudio runterreißt. Wählen Sie Ihre ganz persönlichen Leistungsziele für sich aus. Niemand steht am Ziel, um Ihre Zeit zu messen. Selbst wenn alle anderen an Ihnen vorbeiziehen: Na und? Genießen Sie es, Ihre Aufmerksamkeit voll auf Ihre eigenen Erfolge richten zu können, sobald Sie keine ungesunden Vergleiche mehr ablenken. Einen gesunden Ehrgeiz entwickeln Sie wahrscheinlich ganz von allein. Wenn Sie auf diese Weise ein für Ihr Alter vernünftiges Gewicht halten, Kondition und Muskeln einigermaßen in Schuss sind und auch der Spaß nicht zu kurz kommt, erfüllt der Sport voll seinen Zweck. Und Sie können Ihre Fitness umso mehr genießen.

Was Ihnen der Doktor nicht sagt

Lessness in Gesundheitsfragen? Keine Angst: Niemand will Sie zu Experimenten überreden. Wenn Sie tatsächlich einmal krank sind oder ein ernsthaftes Leiden haben, ist es nicht gerade ratsam, heilende oder lebensrettende Medikamente und Operationen abzulehnen. Lessness bei der eigenen Gesundheit meint vielmehr, dass Sie es möglichst gar nicht erst so weit kommen lassen, krank zu werden. Umso seltener sind Sie in Zukunft auf Tabletten, Pillen und Therapien angewiesen. Mit vielen Schmerzen müssen Sie sich gar nicht erst herumplagen, und Sie gewinnen Zeit, die Sie sonst bei Ärzten und mit Behandlungen verbringen würden. Überflüssig zu sagen, dass dieses »Weniger« ein echtes »Mehr« für Ihr Leben ist und sich durchaus genießen lässt – denn wer ist schon gern krank?

Ihre Gesundheit ist auch Ihr Job!

Der klassische Weg, Ihren künftigen »Verbrauch« an Medikamenten und Arztbesuchen auf *less* zu stellen, heißt Vorbeugung. Schon so manche Grippe- und Erkältungstablette, die Sie einnehmen, wenn im Winter die Nase läuft und der Kopf schmerzt, muss vielleicht gar nicht unbedingt sein. Die meisten Menschen leiden heute von Haus aus unter einem eklatanten Mangel an Vitaminen, Mineralien und Spurenelementen. Kein Wunder, denn in unserer Nahrung ist ja auch immer weniger davon drin. Daher sind viele von uns in der kalten Jahreszeit weit anfälliger gegenüber Erkältungen als eigentlich nötig – oder plagen sich das ganze Jahr über mit Leiden wie chronischer Müdigkeit oder welker Haut herum.

Probieren Sie einmal aus, ob Sie durch einfache Vorbeugung nicht gesünder denn je durch den Winter kommen und oft gar nicht erst krank werden: Nehmen Sie für die nächste Wintergrippesaison spätestens ab dem Herbst maßvoll, aber regelmäßig ein gutes Multivitamin- und Mineralstoffpräparat zu sich, am besten eines, das Ihnen auch Ihr Hausarzt empfiehlt.

Vor allem wenn Sie rauchen, sich nicht gerade gesund ernähren oder selten länger an der frischen Luft sind, werden Sie bald bemerken, dass es um Ihre Gesundheit besser steht. Gut möglich, dass Sie sich über ein spürbar gestärktes Immunsystem freuen können. Erkältungen und Grippeanfälle bleiben mitunter ganz aus oder vergehen wesentlich schneller als bisher.

Lassen Sie Schmerzen gar nicht erst entstehen

Selbst die weit verbreiteten Kopfschmerzen lassen sich zum Teil schon vorbeugend in den Griff bekommen. Nicht selten genügt ein Ausgleich im Mineralstoffhaushalt des Körpers oder häufigeres Trinken. Manchmal hilft es, eine bestimmte seelische Konfliktsituation mit Hilfe eines Psychotherapeuten zu lösen. Denn viele körperliche Beschwerden werden von psychischer Anspannung hervorgerufen. Auf diese Weise dem Röhrchen mit den Kopfschmerztabletten Ade sagen zu können, ist den Versuch allemal wert. Oder haben Sie, wie Tausende von Bundesbürgern, Rückenprobleme vom ständigen Sitzen? Viele ersparen sich die Schmerzen allein durch gezieltes medizinisches Krafttraining.

Bei unseren Zähnen spielt das Thema Vorbeugen ebenfalls eine große Rolle. Allein durch die Verwendung von Zahnseide und Zungenschaber, neben dem normalen Zähneputzen, tun Sie eine Menge, um die Gesundheit im Mund auf einem guten Niveau zu halten und möglichst selten schmerzhaften Zahnarztbesuchen ausgesetzt zu sein.

Lassen Sie außerdem, am besten zweimal im Jahr, Ihre Zähne beim Zahnarzt professionell von einem Experten reinigen. Egal ob

Sie dafür pro Sitzung gut und gerne 100 Euro und mehr ausgeben. Angenehmer Nebeneffekt: Da Prophylaxe-Behandlungen so gut wie nie weh tun, gewöhnen Sie sich an Zahnarztbesuche, die keine Schmerzen verursachen, sondern bei denen Sie etwas für sich und Ihren Körper tun. Betrachten Sie es ruhig als eine Art Wellness.

Bringen Sie Ihr Gesundheitswissen auf Vordermann

Machen Sie sich den Gedanken der Vorbeugung und einer möglichst gesunden Lebensweise grundsätzlich zu Eigen. Es ist einfach wesentlich intelligenter, auf diese Art regelmäßig und automatisch ein wenig für den Erhalt der eigenen Gesundheit zu tun, als sich später mit Medikamenten oder gar Operationen herumzuschlagen, die man sich unter Umständen hätte ersparen können.

Glücklicherweise haben sich mit diesem Thema schon viele Generationen vor uns beschäftigt. Heute gibt es eine Vielzahl an Möglichkeiten, dafür zu sorgen, dass manche Zipperlein gar nicht erst bei Ihnen auftauchen oder Sie viel weniger in Beschlag nehmen. Nehmen Sie sich die Zeit und lesen Sie ein paar Bücher zu diesem Themenbereich – zum Beispiel über das Heilfasten oder darüber, wie Sie Ihren Säure-Basen-Haushalt im Lot halten.

Wenn Sie die Tipps umsetzen, die Sie Ihrer Lektüre entnehmen, tragen Sie entscheidend dazu bei, dass der Verbrauch diverser Medikamente und Schmerzmittel in Ihrem künftigen Leben eher *less* ist. Und Sie auf Vieles gar nicht erst angewiesen sind.

Werden Sie Ihr eigener Gesundheitsratgeber

Wenn Sie hin und wieder in Ihrer kleinen Gesundheitsbibliothek schmökern, werden Sie Ärzten beim Thema Vorbeugung außerdem seltener als völliger Laie gegenübersitzen. Gute Idee: Damit verabschieden Sie sich gleich von dem Gedanken, dass Mediziner in dieser Hinsicht stets eine Bringschuld Ihnen gegenüber haben – also Ihnen etwa unaufgefordert erklären müssten, warum ein ausgeglichener Säure-Basen-Haushalt so wichtig für den Erhalt Ihrer Gesundheit ist. In Wahrheit müssen Sie sich auch in der heutigen Zeit über diese Dinge erst einmal selbst schlau machen. Danach können Sie natürlich immer noch mit Ihrem Arzt darüber sprechen.

Reichtum ist viel,
Zufriedenheit ist mehr,
Gesundheit ist alles.
Aus Asien

Und wenn Sie doch einmal ein bestimmtes Leiden gepackt hat: Geben Sie sich nicht mit Symptombekämpfung zufrieden. Forschen Sie auch hier so weit als möglich nach den Ursachen. Hier kann Ihnen vor allem das Internet viele Informationen liefern: Wie ist Ihre Krankheit entstanden? Welche Faktoren haben sie begünstigt? Was müssen Sie vielleicht an Ihrem Lebensstil ändern, auch wenn dieser auf den ersten Blick gar nichts mit Ihrem Leiden zu tun hat?

Bleiben Sie dran, selbst wenn es Wochen oder Monate dauern sollte, den wahren Grund für ein Leiden herauszufinden. Vielleicht ist die Ursache in Wahrheit seelischer Natur. Auf diese Weise geben Sie die Verantwortung für den Erhalt Ihrer Gesundheit wieder mehr dorthin, wo sie eigentlich hingehört: zu Ihnen selbst. Freuen Sie sich über das gute Gefühl, Ihr Leben gesundheitlich mehr in der eigenen Hand zu haben.

Achtung, Modekrankheiten!

Eigentlich sollte es keine große Überraschung sein, dass heutzutage auch die Pharmaindustrie in Sachen Marketing die Initiative ergreift. In seinem Buch *Die Krankheitserfinder* hat uns Jörg Blech die Augen dafür geöffnet: Mehr und mehr tauchen in den Medien »neue« Krankheiten auf, die in Wahrheit oft gar keine sind. Stattdessen wurden sie von Pharmaherstellern und PR-Agenturen entwickelt, schön abgestimmt auf die passende Zielgruppe.

Ein Beispiel aus der jüngsten Vergangenheit lieferte etwa das »Sissi-Syndrom«, eine angeblich neue Depression bei Frauen. Genauso wird die »Entdeckung«, dass auch Männer ihre Wechseljahre haben und fatalerweise altern, zusehends als eine Art Krankheit verkauft, gegen die man deshalb auch automatisch etwas tun muss. Zum Beispiel in teure Mittelchen oder Hormonkuren investieren.

Das Tückische daran: Der Trend zur Entwicklung eigens konzipierter Modekrankheiten ist noch so neu, dass die meisten Menschen keine großen Erfahrungen damit haben. Man tut sich deshalb schwer, zu erkennen, in welchen Fällen reiner Profitgedanke dahinter steckt. Das Kritikbewusstsein, über das wir in anderen Bereichen so selbstverständlich verfügen, schwindet leider merklich, sobald es um das hohe Gut der eigenen Gesundheit geht.

Unschätzbare Dienste für die Verbreitung dieser neuen »Krankheiten« leisten die Medien. Viele Zeitschriften oder Internetseiten veröffentlichen bedenkenlos Berichte oder Studien, die ihnen von spezialisierten PR-Agenturen zugespielt werden – oft ohne sie groß zu verändern oder zu recherchieren. Das ist gar kein Wunder, denn in den wenigsten Redaktionen sitzen studierte Mediziner. Darüber hinaus hören sich die neuen Krankheiten oder Richtwerte für den Hormonspiegel im Alter ja meist auch recht glaubhaft an. Was tun?

Nehmen Sie Berichte über neue Krankheiten lieber mit einer gewissen Skepsis zur Kenntnis – und genießen Sie, wie gesund Sie sich plötzlich wieder fühlen können, wenn Sie auch das Altern als normalen Prozess annehmen dürfen. Investieren Sie Ihre Zeit lieber darin, sich langsam ein Leben *less* anzugewöhnen. Mit bewusst weniger Besitz, Konsum und Wünschen zu leben bedeutet weniger Stress, steigert Ihre persönliche Zufriedenheit und fördert die innere Ruhe. Wenn Sie dann noch die eine oder andere sinnvolle Lebensaufgabe für sich gefunden haben, profitieren Sie von gesundheitserhaltenden Faktoren par excellence – die Sie vermutlich besser bei Laune und jung halten als all die angepriesenen Mittelchen zusammen.

Ihr neuer Modeberater: Signore Pareto

Stellen Sie sich vor, Ihr Kleiderschrank könnte sprechen. Was würde er Ihnen jetzt gerade sagen? Vielleicht würde er nur ein knappes »Hilfe!« röcheln angesichts der Berge an Klamotten, die er bergen muss? Oder ein verzweifeltes »Nicht noch mehr …«, weil er im Flur das Rascheln der Einkaufstüten hört, die Zeugnis von Ihrer soeben absolvierten Textil-Schnäppchentour ablegen? Falls Sie Ihren Kleidungsbestand bereits erfolgreich auf ein ebenso übersichtliches wie strategisch gut kombiniertes Portfolio gebracht haben – Glückwunsch! Ansonsten kann es eine gute Idee sein, auch das Thema Kleidung einmal mit dem Lessness-Gedanken anzugehen.

Kleiderschrank à la Pareto

Zu Kleidung *less* gehört an erster Stelle ein angenehm übersichtlicher Kleiderschrank; sprich ein Schrank, in dem sich nur das befindet, was Sie auch wirklich verwenden. Dafür gibt es eine ganz einfache Strategie: Richten Sie Ihren Kleiderschrank nach dem Pareto-Prinzip ein! Dieses Prinzip, aufgestellt im neunzehnten Jahrhundert von dem italienischen Wirtschaftsexperten Vilfredo Pareto, lohnt auch allgemein eine genauere Betrachtung, wenn Sie Ihr Leben auf *less* umstellen möchten. Es besagt, dass der größte Teil der Ergebnisse einer Sache von einem relativ kleinen Teil der dafür eingesetzten Menschen, Mittel und Aktivitäten erreicht wird. In Zahlen ausgedrückt: 80 Prozent des Erfolges werden mit 20 Prozent der eingesetzten Mittel erzeugt.

Und damit sind wir wieder bei Ihrem Kleiderschrank. Denn selbst wenn Sie Unmengen an Hosen, Anzügen, Hemden, Kostümen und Schuhen besitzen sollten: In der Regel trägt der Mensch zu 80 Prozent der Zeit nur einen Bruchteil seiner Kleidungsstücke, nämlich 20 Prozent. Die restlichen Sachen liegen die meiste Zeit im Schrank. Manche Teile gammeln dort so lange vor sich hin, bis sie aus der Mode kommen, nicht mehr passen oder bis sie raus müssen, weil Platz benötigt wird für Neuanschaffungen.

Was ist der Grund für dieses 80-zu-20-Phänomen im Kleiderbestand? Wahrscheinlich liegt es vor allem daran, dass der Mensch ein Gewohnheitstier ist. Er hält sich eben lieber an seine drei oder vier Lieblingsoutfits, als jeden Morgen eine komplett neue Kombination zusammenzustellen. Auch der Aufwand, sich die passenden Sachen zusammenzusuchen, wirkt als Bremser: Er steigt einfach überproportional an im Vergleich zu der Menge an Kleidungsstücken, aus denen Sie auswählen können. 40 statt 20 Blusen im Kleiderschrank bedeuten zwar »nur« eine Verdoppelung des Bestandes. Die Mühe, daraus immer wieder neue Teile für das Tagesoutfit auszuwählen, ist jedoch weitaus größer. Denn Sie müssen nicht nur jeden Morgen doppelt so viele Teile scannen wie bisher, sondern auch noch alle zusätzlichen Kombinationsmöglichkeiten erwägen, diese wiederum mit Ihrer Stimmung und dem angesagten Tages-Dresscode vergleichen – und können noch weniger sicher sein, aus den diversen Möglichkeiten die ideale Kleidungskombi für den heutigen Tag aus dem Schrank gezogen zu haben.

Wie Sie Ihre Schrankleichen identifizieren

Sparen Sie sich die Anstrengung, falls Sie nicht definitiv ein ausgesprochener Modefreak sind. Halten Sie Ihren Kleiderbestand so kompakt wie möglich. Allein schon aus dem Grund, weil Sie sich mit Ihrem Kleiderschrank jeden Morgen beschäftigen müssen und er deshalb möglichst gute Laune machen sollte. Wenn Sie das Pareto-Prinzip überzeugt hat: Gehen Sie alle Ihre Anziehsachen durch und sortieren Sie gnadenlos aus. Behalten Sie nur die Kleidungsstücke, die Sie mit Sicherheit häufiger und vor allem gerne tragen: die Sachen, die Ihnen von der Größe her wirklich passen, in denen Sie sich gut fühlen, die Ihnen am besten stehen und die Ihren Typ gut zur Geltung bringen. Geben Sie den Rest weg. Versteigern Sie die hochwertigen Teile im Internet. Alles andere bringen Sie in einen Secondhandshop oder zu einer seriösen Altkleidersammlung.

Falls Sie sich von manchen Kleidungsstücken schwer trennen können, weil Sie glauben, sie doch noch hin und wieder anzuziehen: Befestigen Sie an jedem dieser Teile ein kleines Selbstklebezettelchen, auf dem Sie das heutige Datum notieren. Reißen Sie das Zettelchen erst ab, wenn Sie das Stück das nächste Mal anziehen. Sie werden staunen, wie viele Schrankleichen Sie auf diese Weise in Ihrem Kleiderschrank ausfindig machen. Gehen Sie nach der gleichen Trennmethode auch bei Ihren Schuhen vor. Arbeiten Sie sich nach diesem Prinzip so lange durch Ihre Bestände, bis sich in Ihrem Kleiderschrank und Ihrem Schuhschrank nur noch eine übersichtliche Auswahl guter und schöner Dinge befindet, die Sie auch wirklich gern tragen.

Den Idealzustand haben Sie erreicht, wenn Sie einerseits nur noch so wenige Teile besitzen, dass sich jeder Schrank sauber und ordentlich bestücken lässt – ohne Reinquetschen, ohne versteckte Stapel im hinteren Teil der Fächer –, und Sie andererseits immer noch genügend Auswahl haben, um sich für Büro und Freizeit abwechslungsreich anziehen zu können. Damit Ihr Bestand an Kleidung und Schuhen auch in Zukunft so angenehm luftig bleibt, müssen Sie danach fast nichts mehr tun. Verbinden Sie einfach ab jetzt jede Neuanschaffung immer gleich mit einer kleinen Entrümpelungsaktion. Für zwei neue Blusen oder Hemden, die Sie sich gekauft haben, misten Sie im Gegenzug zwei alte aus, die unansehnlich geworden sind oder an denen Sie sich satt gesehen haben. So können Sie die Sachen, die Sie gerade besitzen, mehr denn je genießen. Vielleicht reicht Ihnen von jetzt an sogar ein kleinerer Kleiderschrank, und Sie haben endlich Gelegenheit, das alte Monstrum aus dem Schlafzimmer zu verbannen.

Haben Sie Mut zu No-Names!

Als Lessnesser entwickeln Sie ein entspannteres Verhältnis zu teurer Marken- und Designerkleidung. Was ist es eigentlich, wofür Sie hier deutlich mehr Geld bezahlen sollen? Bessere Qualität jedenfalls eher selten. Auch hochpreisige Marken lassen meist günstig in Fernost oder sonst wo fertigen. Haben Sie teuer erworbene Designerteile schon einmal einer erfahrenen Schneiderin oder einem Textilfachmann zum Beurteilen gegeben? Wenn ja, dann wissen Sie, was man da mitunter zu hören bekommt.

Mit ein wenig Gespür für Material und Verarbeitung finden Sie unter No-Name-Kleidung qualitativ mindestens ebenso gute Teile – die genauso gut aussehen! Damit ersparen Sie sich den Ärger, wenn etwa ein teures Kleidungsstück beim ersten Waschen eingeht oder nach ein paarmal Tragen schon reif zum Wegwerfen ist. Wenigstens haben Sie dann nicht unverhältnismäßig viel Geld dafür ausgegeben.

Sich an No-Name-Artikeln zu orientieren, heißt natürlich nicht, dass Sie deshalb gleich von Kopf bis Fuß in Billigklamotten aufkreuzen müssen. Ganz und gar nicht. Investieren Sie ruhig einen gewissen Betrag in eine gute Garderobe, wenn es Ihre finanziellen Mittel erlauben. Aber sparen Sie sich das Geld, das man Ihnen für ein wenige Quadratzentimeter großes Label abknöpfen will, das man meistens gar nicht sieht. Ein guter Kaschmirpulli – auch solche Dinge gibt es als No-Names – wird nicht besser, wenn er von einer Edelmarke stammt, sondern meist nur teurer. Im Übrigen, kein großes Geheimnis, kann man Stil und Gefühl für die richtige Kleidung sowieso nicht kaufen.

Selbst wer sich mit Kreditkarten bewaffnet einmal quer durch die Designerboutiquen geshoppt hat, ist nicht zwangsläufig geschmackvoll und elegant angezogen. Im Gegenteil, manchmal sieht man danach nur lächerlich neureich aus. Zum Beispiel wie nicht wenige Edelshopping-Touristen auf der Münchner Maximiliansstraße oder dem Rodeo Drive in Hollywood.

The trend is not always your friend

Auch bei aktuellen Modetrends können Sie sich als Lessnesser etwas mehr Freiheit nehmen. Und öfter einmal entscheiden, einen neuen Trend nicht mitzumachen. Sich eben nicht ein bestimmtes Kleidungsstück oder gleich ein ganz neues Schuhsortiment zu kaufen, weil in dieser Saison gerade jene Farbe oder Form angesagt ist. Erinnern Sie sich noch an den Run auf den Burberry-Schal? Gerade Frauen werden ja mindestens zweimal pro Jahr zum Shoppen verdonnert, wenn sie modisch immer voll up to date sein wollen. Kein Wunder, dass das Thema Klamotten ganz schön ins Geld gehen kann. Setzen Sie ruhig einmal eine Runde aus, wenn Ihnen der neue Hype nicht hundertprozentig zusagt. Genießen Sie es, nicht in ein Geschäft rennen zu müssen, um sich die aktuellen Trendsachen zu holen – Klamotten, die Sie schon in wenigen Monaten garantiert nicht mehr anziehen können, selbst wenn sie in noch so gutem Zustand sein sollten. Weil Sie eben schlicht und einfach schon wieder out sind. Würden Sie heute noch mit Plateauschuhen aufkreuzen?

Die Mode ist das wichtigste Mittel der Textilindustrie gegen die zunehmende Haltbarkeit der Stoffe.
Federico Emilio Schuberth

Überbrücken Sie die Zeit, während der ein Trend herrscht, indem Sie zum Beispiel statt der modisch gerade angesagten Klamotten oder Schuhe einfach einen Klassiker tragen, der immer geht. Beim nächsten Trend können Sie ja wieder mitmachen, wenn Ihnen danach zumute ist. In höheren Gesellschaftskreisen, wo man nicht selten ein über Generationen aufgebautes Stilgefühl pflegt, schert man sich ohnehin erkennbar weniger um aktuelle Moden, sondern pflegt einen klassisch-dezenten Kleidungsstil. So erfahren wir es jedenfalls vom äthiopischen Prinzen Asfa-Wossen Asserate in seinem Buch *Manieren*. Von den Damen und Herren, die es nicht nötig haben, einen gesellschaftlichen Aufstieg zur Schau zu stellen, können Sie als Lessnesser ruhig das gelassene Selbstbewusstsein für sich übernehmen. Auch die Furcht, over- oder underdressed zu sein, ist auf diese Weise viel weniger ausgeprägt. Ein englischer Lord kann selbst einen verschlissenen Mantel mit Würde tragen.

Stars und ihre Klamotten – ein Kapitel für sich

Die vielen schicken Sachen, mit denen Stars in den bunten Gesellschaftsmagazinen oder bei Bambi- und Oscar-Verleihungen zu sehen sind, führen hingegen in Versuchung, den Großen auf eine sehr viel ungünstigere Weise nachzueifern und sich dafür ordentlich in Unkosten zu stürzen. Fotostrecken von Filmbällen oder Galaabenden kommen ja ohne genaue Information darüber, wer sich von welchem Designer einkleiden ließ, gar nicht mehr aus. Da ist es dann schon beruhigend zu wissen, dass die Berühmtheiten in Wahrheit häufig keinen einzigen Euro für ihr Outfit bezahlen mussten. Im Gegenteil, viele Designer und Modeschöpfer reißen sich darum, die Damen und Herren kostenlos mit Garderobe auszustatten. Schließlich kann man dann in den Medien die Info streuen, dass David Beckham oder Halle Berry damit aufgekreuzt sind. Meist geben schon die Schnappschüsse der Paparazzi, auf denen Promis zur Abwechslung mal ganz privat abgelichtet sind, darüber Auskunft, dass sich auch Celebrities eher unspektakulär kleiden, wenn sie nicht im Rampenlicht stehen.

Kaufen Sie Sachen, die man gut reparieren kann

Zur Kleidung *less* gehört, dass möglichst viele der Dinge, die Sie tragen, nicht gleich nach ein paarmal Tragen kaputtgehen. Dadurch ersparen Sie sich unnötige neuerliche Einkaufstouren. Gerade Lederjacken und Schuhklassiker bekommen durch eine längere Tragezeit überhaupt erst den richtigen Look.

Ist es bei Textilien nicht immer ganz einfach und erfordert ein geschultes Auge, Qualität von Ramsch zu unterscheiden, hat man es bei Schuhen schon etwas leichter. Das betrifft jedenfalls die Herren der Schöpfung, denn Damenschuhe sind in der Regel schon aus modischen Gründen wesentlich kurzlebiger. Kaufen Sie sich Schuhe, die man möglichst gut reparieren kann. Es ist viel unkomplizierter, seine Schuhe einmal pro Jahr zum Schuster zu tragen und aufbessern zu lassen, als sie immer wieder wegzuwerfen und neue zu kaufen. Außerdem ist es nicht zuletzt ein Beitrag für die Umwelt. Denn vor allem billigere Schuhe bestehen zu einem erheblichen Teil aus den verschiedensten Kunststoffen und Klebern, die spätestens in der Müllverbrennung in Rauch aufgehen.

Natürlich müssen Sie dabei zuerst einmal etwas tiefer in die Tasche greifen. Denn fast alle Schuhe im unteren und mittleren Preissegment sowie die meisten Trendmodelle sind in der Regel als reine Wegwerfschuhe angelegt. Problemlos reparieren lassen sich nur Schuhe, die in klassischer Schuhmachertradition gefertigt sind. Zum Beispiel Lederschuhe, die wirklich rahmengenäht sind. Bei guter Pflege und regelmäßiger Einlieferung beim Schuster, etwa um die Sohlen zu erneuern, tragen Sie derart gute Schuhe locker zehn Jahre und mehr. Im Laufe der Zeit kompensieren Sie so auch die höheren Anschaffungskosten, denn bei Tretern aus dem unteren Preissegment hätten Sie wahrscheinlich schon das vierte Paar verschlissen. Und Sie tun auch etwas für Ihr gesamtes Erscheinungsbild: Während unverkennbar billiges Schuhwerk selbst den feinsten Anzug optisch runterzieht, heben hochwertige und schöne Schuhe in klassischer Schuhmachertradition auch ein einfaches Outfit an. Sogar wenn sie schon ein paar tausend Kilometer auf der Sohle haben, gute Pflege vorausgesetzt. Wenn Ihnen das nicht modisch genug ist, können Sie Ihren Bestand an Klassikern ja immer noch mit zwei, drei Paar trendigen Schuhen ergänzen.

Mehr Freude am Beruf, mehr Freiheit beim Geld

Ein erfolgreicher Mann hat alles, nur keine Zeit.
Aus China

Arbeit und Geld – diese beiden Themen nehmen in Ihrem Leben vermutlich viel Platz ein. Ob Sie nun Manager sind, über ein gut gefülltes Bankkonto verfügen oder zur Zeit jeden Cent zweimal umdrehen, weil Sie gerade einen neuen Job finden müssen: Auch in Sachen Geld und Beruf können Sie mit der Lessness-Idee viel für Ihr Wohlbefinden tun.

Ihre Karriere: Hamsterrad oder Königsweg?

Ganz selbstverständlich akzeptieren wir im Berufsleben die gängigen Ideale. Arbeite viel und hart! Such dir eine sichere Stelle! Schau, dass du immer mehr verdienst! Mach Karriere! Für den einen ist das tatsächlich das Richtige. Manch anderer würde es hingegen lieber einmal etwas ruhiger angehen lassen. Oder er fände in einem Beruf, der ein wenig abseits der Autobahnen zur großen Karriere und dem dicken Gehalt liegt, eher Erfüllung. Nanu, keiner da im Freundeskreis, der den Schritt wagt? Da werden wir schnell unsicher. Oder fangen gar nicht erst an nachzudenken, ob unser Berufsweg wirklich zu uns passt.

Manchmal ist es ein übertrieben hoher Lebensstandard, der uns die Lust am Arbeiten nimmt. Ein großes Auto, eine luxuriöse Wohnung oder regelmäßige Shoppingtouren kosten nicht nur eine Stange Geld – sie machen uns auch leicht zum eigenen Sklaven. Spätestens sobald wir gezwungen sind, vor allem zur Erhaltung unserer Statussymbole möglichst viel verdienen zu müssen. Und uns in einem Job abrackern, der zwar hoch bezahlt ist, aber nicht unseren Neigungen entspricht.

Zu viel Tempo auf der Karriereleiter? Schalten Sie einen Gang zurück

Gehen wir davon aus, Sie stecken beruflich voll drin. Heißt Lessness nun, stattdessen künftig die Füße hochzulegen oder sein berufliches Engagement auf Sparflamme zu schalten? Mit Sicherheit nicht. Es kommt darauf an, wie Sie bisher Ihr Berufsleben angegangen sind. Vielleicht preschten Sie ja auf der Karriereleiter jahrelang nach oben. Immer mit Vollgas. Klar, so machten es ja alle anderen neben Ihnen auch. Sie haben sich bisher nie gefragt, ob das allein deshalb auch für Sie gelten muss. Wie denken Sie selbst darüber? Vielleicht ist für Sie die Zeit durchaus reif, einmal eine Runde auszusetzen. Möglicherweise werden Sie es sogar genießen, in einem Unternehmen auch einmal heimisch zu werden. Sie können sich eine Zeit lang voll und ganz Ihrer eigentlichen Arbeit widmen. Sie brauchen nicht gleich auf den nächsten Jobwechsel zu schielen. Gerade in einer solchen Stellung holen sich viele Menschen den nötigen mentalen Anlauf, um danach umso müheloser zu einem echten Karrieresprung anzusetzen.

Sie arbeiten immer noch, um zu leben – und nicht umgekehrt

Eine andere Möglichkeit, die für Sie in Frage kommen könnte, ist die Idee, bewusst weniger zu arbeiten. Ja, es gibt sie noch, die Workaholics. Und manche kassieren eben doch irgendwann die Quittung. Mit 37 der erste Burnout, mit 57 der erste Herzinfarkt. Vielleicht reißen auch Sie mehr Stunden pro Tag am Schreibtisch herunter, als Ihnen auf Dauer gut tut.

Wie wäre es übergangsweise mal mit Teilzeitarbeit, falls Sie merken, dass Sie langsam an Ihrer Substanz zehren? Nicht wenige Arbeitgeber bieten heute die Möglichkeit, nur an vier statt fünf Tagen pro Woche zu arbeiten. Als Selbstständiger können Sie meist sowieso frei entscheiden, wie viel Zeit Sie für Ihren Beruf aufwenden. Eine Verringerung der Arbeitszeit muss übrigens nicht zwangsläufig bedeuten, dass Sie Ihren materiellen Lebensstandard nicht mehr halten können. Einen Teil des Einkommensrückgangs fangen Sie mit einem Leben *less* ganz gut wieder auf. Weil Sie als Lessnesser in der Regel weniger materielle Dinge benötigen, kommen Sie auch mit einem etwas kleineren Monatsbudget problemlos über die Runden, ohne dass Ihnen etwas fehlt.

Wie sitzt es sich eigentlich auf dem Stuhl, den Sie anpeilen?

So mancher arbeitete jahrelang auf einen Chefposten hin – und musste dann feststellen, dass diese Position beileibe nicht so gemütlich ist, wie er es sich die ganze Zeit über erträumt hatte. Jetzt sitzt Ihnen zwar nicht mehr der Chef im Nacken, stattdessen aber noch ungemütlichere Investoren. Und die wollen satte Rendite sehen. Plötzlich verbringen Sie in der Woche zwanzig Stunden mehr im Büro. Und Ihre alten Kollegen, mit denen Sie immer ein so herzliches Verhältnis hatten, gehen von einen Tag auf den anderen auf Distanz zu Ihnen, weil Sie nun der Vorgesetzte sind. Irgendwann merken Sie: so ganz ist das nicht mehr Ihr Leben.

Vielleicht ist es vor einen solchem Hintergrund sinnvoll, Ihr Karriereziel nach weiser Überlegung etwas tiefer zu hängen. Natürlich können Sie sich auf diese Weise auch darin bestärken, dass Sie voll auf der richtigen Spur sind. Schauen Sie sich Ihre großen Berufs- und Karriereziele einfach hin und wieder genauer an, ob sie wirklich Ihrem Wesen und Ihren Vorstellungen vom Leben entsprechen.

Die Kehrseiten bei der Jagd nach dem großen Einkommen

Wenn Ihr Einkommen bereits gut für Ihr Leben ausreicht und zumindest mit der Inflation mitwächst, fällt es Ihnen leichter, weniger auf große Gehälter zu schielen. Vielleicht haben Sie selbst schon einmal erlebt, dass finanziell hoch dotierte Jobs manchmal ganz schön an den Schreibtisch fesseln. Auch die emotionale Belastung steigt nicht selten an. Schließlich müssen die Topverdiener ihr Gehalt wert sein. Viele sind einem enormen Druck ausgesetzt: »Holen Sie zwanzig Prozent mehr raus. Wie Sie das schaffen, sehen Sie selbst.« In der knappen Freizeit gibt man dann eine Menge des sauer verdienten

Geldes gleich wieder aus – für Sportcabrios, teure Urlaubsreisen, Designeroutfits oder opulente Restaurantbesuche. Bei all dem Stress will man sich ja wenigstens ein bisschen belohnen.

Ähnliches gilt für Selbstständige: Nicht immer macht es Sinn, sein Unternehmen ständig zu vergrößern, um noch mehr zu verdienen. Stressfaktoren wie steigende Komplexität der Aufgaben, Ärger mit den Mitarbeitern oder Probleme bei der Kapitalbeschaffung können schneller zunehmen als die Größe Ihres Unternehmens oder Ihres Einkommens. Jedes ehemals kleine und überschaubare Unternehmen hat seine kritische Masse, ab der dem Inhaber jedes Mehr an Mitarbeitern, Geschäftsfeldern, Projekten oder Kunden über den Kopf wachsen kann. Spätestens wenn nicht mehr alles wie am Schnürchen läuft, weil plötzlich eine Branchenkrise zuschlägt. Wenn Sie merken, dass Ihnen Ihr Beruf zwar eine Menge Geld bringt – wovon Sie in Wahrheit gar nicht so viel brauchen –, dass er Ihnen wegen der hohen Belastung aber allmählich an die Substanz geht, ist es möglicherweise gar keine so schlechte Idee, eine Karriere- und Einkommensstufe herunterzuschalten. Haben Sie umgekehrt einen nicht ganz so einträglichen Beruf, der Ihrem Wesen, Ihrer Leistungsfähigkeit und Ihren Lebensvorstellungen jedoch voll entspricht, können Sie diese Tätigkeit wieder mehr schätzen lernen. Auch wenn Sie nicht ganz so fürstlich entlohnt werden wie Ihr Nachbar, dessen Wochenende dafür erst am Sonntagnachmittag beginnt.

Ohne Job? Für manche Dinge *die* Gelegenheit!

Hat es beim Lesen der letzten Seiten in Ihnen gerade leicht zu kochen begonnen? Hätten Sie liebend gern einen stressigen Job, finden zur Zeit nur leider keinen? Arbeitslosigkeit kann ganz schön frustrieren. Vor allem in einer Gesellschaft wie der unseren, die sich stark über Beruf und Wohlstand definiert. Da ist es für Sie vermutlich ein äußerst schwacher Trost, dass Sie manch einer, der täglich zehn Stunden im klimatisierten Großraumbüro vor sich hin ackert, zumindest um die viele freie Zeit beneidet, die Sie wenigstens anfangs haben. Ihnen hingegen wollen die Vergnügungen, die Sie manchmal gern gemacht hätten, als Sie an einem sonnigen Nachmittag aus dem Fenster Ihres Büros nach draußen blickten, während sich vor Ihnen die Arbeit türmte, gar nicht mehr einfallen.

Vielleicht versuchen Sie es trotzdem einmal mit diesem Gedanken. Bleiben Sie einerseits bei der Jobsuche weiter am Ball. Nehmen Sie andererseits die Gelegenheit an, die sich Ihnen jetzt bietet, wenn Ihre letzte Anstellung noch nicht allzu lange her ist. Tun Sie ein paar von den Dingen, von denen Sie immer geträumt haben, als Sie Arbeit hatten! Jetzt können Sie tatsächlich einmal mitten unter der Woche nachmittags Kaffee trinken gehen, all die Klassiker lesen, in denen Sie schon seit Jahren schmökern wollten, oder zu Fuß über die Alpen gehen. Oder Sie kramen den Italienischkurs heraus und erstellen Ihre eigene Internetseite. Als ich meine letzte berufliche Krise hatte, begann ich zum Beispiel dieses Buch zu schreiben. Normalerweise hätte ich damit wohl nie angefangen.

Nun ist auch der beste Moment, Ihr Heim Gewinn bringend zu entrümpeln. Sie haben endlich genügend Zeit und Muße, alles bei eBay zu verkaufen, was Sie nicht mehr brauchen. Welche lang gehegte Idee Sie auch immer anpacken – nehmen Sie die geschenkte Zeit an und tun Sie es. Das hält Sie nicht nur besser bei Laune, sondern fördert auch Ihre Ausstrahlung beim Bewerbungsgespräch. Außerdem können diese Dinge verhindern, dass Sie später wieder seufzen: »Wie schön wär's jetzt, XY zu tun …«, wenn Sie nach einiger Zeit dann doch eine neue Stelle gefunden haben. Was ich Ihnen hiermit von ganzem Herzen wünsche.

Geld regiert die Welt, aber nicht Ihr Leben

Nein, Lessness in Sachen Geld & Finanzen heißt natürlich nicht, möglichst wenig Geld zu besitzen. Im Gegenteil: Ein gewisses Finanzpolster macht das Leben durchaus leichter und entspannter. Sie können sich den einen oder anderen echten Herzenswunsch erfüllen, dem Nachwuchs eine gute Ausbildung zukommen lassen oder einen Teil davon für einen guten Zweck spenden. Und es ist beruhigend zu wissen, dass man bei unvorhergesehenen größeren Ausgaben nicht gleich das gesamte Konto plündern muss.

Dennoch kann uns das Thema Geld und Finanzen schnell ganz schön in Beschlag nehmen – und hier setzt der Lessness-Gedanke an. Besitzen auch Sie die heute übliche Sammlung an zwei bis drei

Bankkonten, mehreren EC- und Kreditkarten im Geldbeutel, dem einen oder anderen Aktien- oder Fonds-Depot und diversen Lebensversicherungen? Schon bei einem durchschnittlichen Bestand müssen Sie zahlreiche PINs und Kennwörter im Kopf behalten, Abrechnungen kontrollieren, Auszüge sortieren und abheften, die zugehörige Korrespondenz erledigen und regelmäßig die Wertentwicklungen verfolgen. Garantiert bekommen Sie darüber hinaus immer wieder Werbebriefe, -mails und -anrufe, die Sie zur schnellen Aufnahme eines »praktischen« Kredits oder zum Ausbau Ihres Versicherungspakets überreden wollen.

Spätestens wenn zu allem Überfluss ein Störfall eintritt – die Geldbörse samt allen Karten wird geklaut, die Kennwortliste geht verloren, das Verwalten Ihrer vermieteten Eigentumswohnung beginnt Sie zu nerven – kann sich ein breit gestreuter Besitz in Sachen Finanzen als ganz schön nervenaufreibend erweisen. Obwohl Ihre Finanz-Infrastruktur doch eigentlich zu Ihrem Wohlbefinden beitragen soll.

Entlasten Sie Ihren Geldbeutel

Gehen Sie auch das Thema Geld einmal mit dem Lessness-Gedanken an. Zum Beispiel gleich bei Ihrem Portemonnaie. Geben Sie alle Kreditkarten sowie Ihre Karten für Vereinsmitgliedschaften, zusätzliche Girokonten und vor allem für die zahlreichen Kundenclubs der Kaufhaus- und Großmarktketten zurück, die Sie nicht wirklich regelmäßig verwenden oder die Ihnen nur minimale Vorteile bringen. Gerade bei »heißen« Karten wie EC- und Kreditkarten ist jede einzelne davon immer ein weiterer kleiner Ballast für Ihr Gedächtnis, das sich die vielen PINs und Kennwörter merken muss.

Das erkennen Sie spätestens, wenn Ihre Brief- oder Handtasche einmal gestohlen wird und Sie spät am Abend plötzlich alle möglichen Hotlines anrufen müssen, um die Karten sperren zu lassen. Kaufen Sie sich am besten einen Geldbeutel, der wenig Kartenfächer hat. So müssen Sie Ihren Bestand an Karten allein schon deshalb disziplinieren.

Halten Sie sperriges Kleingeld aus Ihrem Portemonnaie fern. Es nimmt nur unnötig Platz weg und verursacht Gewicht. Richten Sie dafür stattdessen zu Hause eine Kleingeldkasse ein, und werfen Sie jeden Tag alle kleinen Münzen hinein. Lassen Sie Ihre Kleingeldkasse einmal pro Jahr bei Ihrer Bank einwechseln: Sie werden staunen, wie viel Geld nach zwölf Monaten auf diese Weise zusammenkommen kann. Freuen Sie sich über diesen kleinen Geldsegen und genießen Sie es, dass Ihre Geldbörse wieder so kompakt ist wie zu Teenagerzeiten!

Reduzieren Sie Karten und Konten

Schon zwei Girokonten im Überblick zu behalten, macht den Umgang mit den alltäglichen Zahlungen unnötig schwierig. Oder haben Sie noch mehr? Setzen Sie zum Kahlschlag an! Beschränken Sie sich auf so wenige Karten und Konten wie möglich. Überlegen Sie auch, ob Sie wirklich alle Banking-Funktionen – samt den damit verbundenen Kennwörtern, PINs, TANs etc. – benötigen. Oder ob es Ihnen nicht ausreicht, Ihre Überweisungen vom Girokonto grundsätzlich nur online auszuführen und sich deshalb nicht auch noch die Code-Sammlung für das Telefon-Banking merken zu müssen. Selbst die PINs für Kreditkarten, um damit am Geldautomaten abheben zu können, sind für die meisten Menschen völlig überflüssig.

Verschlanken Sie Ihr Versicherungspaket

Gerade Deutschland mit seiner sicherheitsorientierten Mentalität ist für Versicherer ein lohnender Acker. Natürlich sollen Sie nicht gleich Ihren kompletten Versicherungsschutz canceln. Gehen Sie einfach nüchtern Ihren Bestand durch. Behalten Sie die Versicherungen, die wirklich Sinn machen. Kündigen Sie alle Policen, die Sie gar nicht mehr brauchen oder die im Verhältnis zum gebotenen Versicherungsschutz inzwischen viel zu teuer sind. Meist ist es besser, für das Absichern wichtiger Risiken, wie zum Beispiel Berufsunfähigkeit, jeweils eine eigene Versicherung abzuschließen, statt ein Kombiprodukt zu wählen. So behalten Sie leichter den Überblick und sehen auch besser, was der einzelne Schutz wirklich kostet.

Damit Ihr Geld auch wirklich für Sie arbeitet

Sie haben ein wenig Geld auf die Seite geschafft und angelegt? Sie sparen regelmäßig? Auch bei der Wahl Ihrer Anlageform können Sie die Weichen so stellen, dass Ihr Finanzpolster angenehm einfach zu verwalten ist und Ihr Leben nicht unnötig kompliziert macht. Meiden Sie Geldanlagen, bei denen Sie lange gebunden sind und aus denen Sie nur zu horrenden Kosten oder mit Verlusten aussteigen können. Genauso wenig sollten Sie sich auf Anlagen einlassen, die keinen genauen Einblick erlauben, was mit Ihrem Geld geschieht und wie hoch die Kosten tatsächlich sind. Seien Sie zurückhaltend bei Modellen, die stark auf die Zukunft spekulieren, zum Beispiel mit langfristig geschätzten Mieteinnahmen. Außer Sie haben so viel Geld beiseite, dass Sie auch risikoreichere Investitionen wagen können. Reine Steuersparmodelle können im Nachhinein ihre Tücken haben, etwa wenn Sie unerwartet arbeitslos werden, plötzlich gar nicht mehr so viel verdienen, dass sparbare Steuern anfallen, und die Anlage sich stattdessen nur noch als Belastung erweist. Seien Sie besonders auf der Hut, wenn man Sie gar mit unglaublichen Renditen locken will oder ein Verkäufer an Ihre Emotionen appelliert: »So was hat man doch als beruflich erfolgreiche Frau …«

Traurig, aber wahr: In Gelddingen herrscht in Deutschland zum Teil immer noch große Unbedarftheit. Viele Menschen investieren mehr Zeit in die Planung Ihres Sommerurlaubs als in die ihrer Geldanlagen. Zwar muss nicht jede zweifelhafte Vermögensanlage zwangsläufig zu Komplikationen führen. Spätestens jedoch, wenn sich ein ehemals heißer Tipp oder Massentrend plötzlich als Geldvernichter erweist – wie etwa in den vergangenen Jahren bei den diversen »steuersparenden Ost-Immobilien« oder im Zuge des letzten Aktien-Hypes –, können die Folgen gehörige Unruhe in Ihr Dasein bringen.

Falls Ihr Vermögen bereits auf viele verschiedene Töpfe verteilt ist: Prüfen Sie, ob es sich nicht lohnt, einmal klar Schiff zu machen und Ihr Geld in eine möglichst kleine Anzahl von Anlagen zu investieren, ohne dass die Ausgewogenheit darunter leidet. Dann fällt es Ihnen auch leichter, sich jederzeit einen schnellen Überblick zu verschaffen, um beispielsweise den aktuellen Wert zu ermitteln oder die tatsächlichen Renditen auszurechnen. Investmentfonds etwa können Sie innerhalb einer Fondsgesellschaft problemlos zusammenlegen. Eliminieren Sie auch alle Mini-Engagements, die nur noch kleine Beträge ausmachen und bei denen Sie allein das Sichten und Einordnen der Post mehr in Anspruch nimmt, als Ihnen die Investitionen höchstwahrscheinlich jemals wieder an Gewinn bringen werden – besonders bei spekulativeren Anlagen wie Firmenbeteiligungen, Aktien und Themen-Investmentfonds.

Oder steckt Ihr Geld in einer Immobilie, die Sie vermieten? Auch damit schnallt sich mancher Mensch eine gehörige Last auf den Rücken. Gibt es immer wieder Ärger mit Mietern, sind häufiger teure Reparaturen fällig und liegt die Immobilie womöglich noch weit entfernt, so dass Sie jedes Mal einen ganzen Tag verlieren, wenn Sie vor Ort etwas erledigen müssen, ist es vielleicht kein schlechter Gedanke, einmal über einen Verkauf nachzudenken. Prüfen Sie in einem solchen Fall, in welchem Verhältnis der Aufwand an Verwaltung, Geld und Ihren Nerven zum Ertrag steht.

Eine grundsätzliche Ordnung und Überschaubarkeit in Gelddingen werden Ihnen nicht zuletzt Ihre Nachkommen danken. Manch eine Erbengemeinschaft, selbst wenn es sich um Geschwister handelt, die sich sehr nahe stehen, hat sich allein schon deshalb zerstritten, weil es kaum möglich war, ein ererbtes Gewirr von Vermögensanlagen vernünftig aufzulösen und zu teilen.

Nehmen Sie Ihre finanzielle Absicherung in die Hand

Wie gesagt: Gelassen einen gewissen finanziellen Wohlstand anzustreben, ist kein Widerspruch zum Lessness-Gedanken. Ganz im Gegenteil: Solange Sie in Sachen Geld nicht gerade extrem zu knapsen haben, sondern kontinuierlich einen Teil auf die Seite legen können, wäre es töricht, sich nicht frühzeitig und regelmäßig darum zu kümmern, dass Sie spätestens im sechsten oder siebten Lebensjahrzehnt ein gewisses Vermögen angespart haben, von dem Sie zusätzlich zur staatlichen Rente den Rest Ihres Lebens zehren können (oder auch für teure Krankheits- oder Pflegeaufenthalte besser gewappnet sind). Beginnen Sie damit am besten so früh wie möglich. Dann können Sie auch mit kleinen monatlichen Sparraten eine größere Summe aufbauen, ohne sich dafür groß ins Zeug legen zu müssen.

Besonders wichtig ist das Thema Vermögensaufbau heute für die so genannte »Sandwich-Generation« der 30- bis 40-jährigen Familiengründer. Sie wird deshalb so bezeichnet, weil sich nicht wenige von ihnen angesichts der Bevölkerungsentwicklung in vielen Industrieländern in einigen Jahren wie zwischen zwei Toastscheiben einklemmt vorfinden werden. Nämlich dann, wenn das Haushaltsbudget eines Tages sowohl die Ausgaben für die Ausbildung der eigenen Kinder als auch für die Betreuung plötzlich pflegebedürftig gewordener Elternteile oder Angehöriger verkraften muss, weil dem Staat für diese Ressorts zunehmend das Geld ausgeht. Ein gewisses Vermögen auf der hohen Kante schützt zwar nicht vor entsprechenden Fällen, ist dann jedoch für die eigene Gelassenheit sehr förderlich. Und es hilft Ihnen, selbst in einer solchen Situation weiterhin freiwillig entscheiden zu können, in welchen Bereichen Sie lieber *less* leben und wo nicht.

Gestatten, Zinseszinseffekt

Falls Sie in Sachen Finanzen eher in den Miesen stecken oder sich Konsumwünsche häufiger per Kredit erfüllen: Ja, auch weniger Schulden sind natürlich mehr. Selten so gelacht, ich weiß – aber angesichts der zunehmenden Überschuldung von Privathaushalten ein Thema, das offensichtlich immer mehr Menschen betrifft. Klar, schließlich machen es uns Banken und Geschäfte nur allzu leicht. Problemlos bekommen wir schnell mal einen Kredit über fünftausend Euro. Den Mauritius-Trip können wir in sechsunddreißig Monatsraten abstottern. Vielleicht haben Sie sich auch einfach daran gewöhnt, dass Ihr Girokonto immer genau bis zum Überziehungslimit im Minus steht. Auch das sind Schulden.

Ihre Schulden kann Ihnen selbstverständlich keiner nehmen. Aber ein Gedanke kann für Sie ganz nützlich sein: Machen Sie sich mit der Wirkung des Zinseszinseffektes vertraut. Denn Schulden vermehren sich selbst dann, wenn Sie sie einfach so »stehen lassen«. Daran denken viele oft nicht. Ein Problem, mit dem vor allem jene Menschen zu kämpfen haben, die längst keine neuen Schulden mehr machen, die aber den bereits aufgenommenen Kredit nicht mehr vernünftig abstottern können. Zum Beispiel, weil sie arbeitslos geworden sind oder das Geld für etwas anderes brauchen. Gerade hier schlägt der Zinseszinseffekt durch – und zwar umso heftiger, je höher die Zinsen sind, die Sie vereinbart haben. Allein die bei Konsumkrediten und Kontoüberziehungen banküblichen zwölf Prozent verwandeln einen Schuldenstand von zehntausend Euro nach nur fünf Jahren in gut 17 600 Euro Miese, wenn Sie in der Zeit keine Gelegenheit zur Rückzahlung haben. Weitere fünf Jahre später sind Sie dann schon mehr als 31 000 Euro im Soll, falls Sie immer noch nicht mit dem Abstottern beginnen konnten. Klar, diesen Fall hat Ihnen natürlich niemand vorgerechnet, als Sie den Kredit aufnahmen. Tun Sie es einfach selbst. Es reicht schon, wenn Sie das Spielchen nur ein einziges Mal im Leben auf Ihrem Taschenrechner durchexerzieren. Damit kann Sie das Thema Schulden künftig nicht mehr unnötig stark in den Würgegriff nehmen. Etwas weniger dramatisch, aber ähnlich unerfreulich läuft das Ganze übrigens, wenn Sie aus irgendeinem Grund plötzlich nur sehr kleine Raten bezahlen können, die nicht einmal die Zinsen abdecken, die Sie pro Jahr bezahlen müssen. Auch dann sind Ihre Schulden am Ende des Jahres mehr statt weniger geworden.

Deshalb ist es manchmal keine schlechte Idee, brennende Konsumwünsche zu vertagen. Warten Sie lieber so lange, bis Sie das Geld dafür beisammen haben, statt mit geliehenem Geld in der Hand gleich zuzuschlagen. Eine Ausnahme sind Dinge, die nicht an Wert verlieren oder die im Wert eher noch steigen – zum Beispiel eine schöne Wohnung in guter Lage. Hier haben Sie im Notfall immer noch einen gewissen Gegenwert in der Hand, wenn es einmal brenzlig wird. Bei einem Auto hingegen wird die Kluft zwischen dem, was Ihr Wagen wert ist, und den Schulden, die Sie dafür aufgenommen haben, von Tag zu Tag größer, sobald Sie einmal in Zahlungsschwierigkeiten kommen sollten. Und bei einer Reise auf Pump haben Sie alles komplett verfrühstückt, was Sie für Ihr geliehenes Geld bekommen haben.

Rechnen Sie bei allen Dingen, die Sie auf Raten kaufen, immer hoch, welche Summe unterm Strich dabei zusammenkommt. So einleuchtend das jetzt für Sie klingen mag: Selbst das tut nicht jeder. Jeden Monat neunundachtzig Euro für eine neue Couchgarnitur abzustottern, klingt ja immer so harmlos niedrig. Wenn Sie sich einmal auf dem Taschenrechner vor Augen führen, dass Sie nach vier Jahren stolze 4272 Euro hingeblättert haben, die erst einmal verdient sein wollen, kann das dann doch recht ernüchternd sein.

Mehr Nähe für Ihre Beziehungen

Beide schaden sich selbst:
der zu viel verspricht und der zu viel erwartet.
Gotthold Ephraim Lessing

Lessness hilft Ihnen auch beim Umgang mit anderen Menschen. Sie suchen nach einem Weg, wie Sie das Verhältnis zu einer bestimmten Freundin oder Ihrem ehemals besten Freund wieder verbessern können? Sie verstehen nicht, warum es Ihnen so große Schwierigkeiten bereitet, eine Partnerin oder einen Partner zu finden? Oder Sie haben einen Partner, streiten sich aber ständig mit ihm über Kleinigkeiten? Hier können Ihnen Lessness-Ideen genauso eine Bereicherung sein wie in den anderen Bereichen Ihres Lebens. Sogar der Markenfetischismus der eigenen Kinder muss Sie nicht verzweifeln lassen.

Auf bessere Freundschaft!

Vielleicht kommen auch Sie manchmal ins Grübeln, wenn andere mit einem großen Kreis an Freunden auftrumpfen – und Ihnen immer erzählen, wen sie alles kennen oder wer alles was für sie tut. Das neue Ideal des großen Freundeskreises, der heute die Großfamilie von früher ersetzen soll, kann einen hin und wieder stark verunsichern. Dabei haben Sie sicher längst festgestellt, dass Freundschaften in Wahrheit nicht immer dem perfekten Bild entsprechen, das gern in Fernsehserien oder Illustrierten-Artikeln präsentiert wird.

Freunde oder Bekannte? Ziehen Sie die Grenze

Manche Ihrer Freundschaften könnten sich im Laufe der Zeit in reine Zweckbündnisse verwandelt haben. Etwa unter Arbeitskollegen, die eigentlich nur noch das Ziel eint, in der Firma Karriere zu machen. Andere bedeuten Ihnen bei ehrlicher Betrachtung möglicherweise nichts mehr. Oder sie geben Ihnen ständig ein schlechtes Gefühl, weil Sie beide die meiste Zeit damit vertun, sich gegenseitig den Lebensstil zum Vorwurf zu machen. Wenden Sie auch hier den Lessness-Gedanken an und schränken Sie solche Verbindungen lieber etwas ein.

Zögern Sie nicht, »anstrengende« Kontakte eine Zeit lang auf Distanz zu halten. Zum Beispiel Freunde, die sich trotz grundsätzlich gleicher Wellenlänge immer wieder mit Ihnen messen wollen: »... und was schenkt *ihr* euch zu Weihnachten?« Wenn Sie durch Lessness nach einer Weile so gelassen geworden sind, dass die Auftrumpferei Ihrem Seelenfrieden nicht mehr viel anhaben kann, können Sie den Kontakt ja immer noch wieder aufleben lassen. Möglicherweise lernen Sie diese Freunde dann ganz neu kennen und schätzen: Weil Sie beim »Ich-hab-mehr-als-du«-Spielchen einfach nicht mehr einsteigen, ist plötzlich Raum für ganz andere Gesprächsthemen und Gemeinsamkeiten. Umgekehrt können die Freunde auch Ihre Persönlichkeit besser wahrnehmen und andere Seiten an Ihnen sehen, die ihnen bisher verschlossen waren, weil ihre Aufmerksamkeit durch die Spielchen blockiert war.

Andere Freundschaften werden im Laufe der Zeit einfach lau. Der Austausch beschränkt sich vor allem auf »Weißt-du-noch«-Geschichten und gegenseitiges Stirnrunzeln darüber, was aus dem Gegenüber inzwischen geworden ist. Sie müssen mit diesen Menschen, die Ihnen vielleicht vor einiger Zeit noch sehr nahe standen, ja nicht gleich brechen. Halten Sie weiter lockeren, freundlichen Kontakt, wenn Ihnen danach ist, aber lassen Sie den Anspruch »innige Freundschaft« künftig beiseite. Das bewahrt Sie vor unnötigen Enttäuschungen, vor Gedanken wie: »... und das will eine gute Freundin sein?« Und auch davor, einen großen Bekanntenkreis irgendwann mit einem großen Freundeskreis zu verwechseln.

Setzen Sie auf die echten Freundschaften

Haben Sie auf diese Weise ein wenig Ordnung in Ihre Freundschaften gebracht, können Sie die Beziehungen, die Ihnen wirklich wichtig sind, umso intensiver pflegen – zu den Freunden, auf die Sie sich verlassen können, bei denen Sie sich auch einmal aussprechen können und die nicht nur für Gute-Laune-Zeiten da sind, sondern es ebenso verstehen, Ihnen hin und wieder den Spiegel vorzuhalten, wenn es nötig ist. Schon diese Qualitäten setzen eine gewisse Häufigkeit des Kontaktes und gegenseitige Nähe voraus, was bei einem überschaubareren Freundeskreis einfach leichter fällt. Denn vermutlich haben auch Sie nur ein begrenztes Kontingent an Zeit und Aufmerksamkeit, das Sie auf Ihre Freunde »verteilen« können. Mit einem kleineren Freundeskreis bleibt mehr Zeit für jeden Einzelnen übrig. Umso inniger können diese Freundschaften sein.

Verzichten Sie öfter auf »Siege«

Kennen Sie das? Statt eines Dialogs, bei dem man im Prinzip miteinander laut vor sich hin denkt und sich gemeinsam eine Meinung bildet, schwenkt das Gespräch mit der besten Freundin oder dem besten Freund plötzlich in eine handfeste Diskussion über. Irgendwann will jeder nur noch seine Meinung verkaufen. Hier kann schnell eine Dynamik einsetzen, die nur unnötigen Unfrieden bringt: Schließt sich der andere nach einer Weile Ihrem Urteil an, hat er oder sie »verloren« und Sie haben »gewonnen«. In Wahrheit haben Sie hingegen ebenfalls verloren, weil auf Ihre Freundschaft so immer ein kleiner Schatten fällt. Für den jeweils anderen gilt das Gleiche. Wenn Sie dieses Phänomen auch bei Ihren Freundschaften bemerken: Verzichten Sie einfach bewusst auf solche Siege oder lassen Sie es gar nicht erst zu solchen »Hopp-oder-topp«-Diskussionen kommen. Versuchen Sie lieber, das gemeinsame Denken und Sprechen zu pflegen – zum Beispiel beim gemeinsamen fröhlichen Luftschlösserbauen.

Rechnen Sie weniger gegeneinander auf

Ähnlich wie in der Partnerschaft gilt auch unter Freunden: Wer weniger vom anderen erwartet, wird auch weniger enttäuscht. Arrangieren Sie sich mit möglichst vielen der kleinen Macken Ihrer

Freunde lieber heute als morgen. Ihre Freunde müssen das Gleiche ja auch bei Ihnen tun. Richard kommt immer zu spät zum Treffen, Barbara müssen Sie immer Geld für den Cappuccino leihen – ja und? Wenn Sie das Gefühl haben, immer der zu sein, der mehr gibt, ist es manchmal keine schlechte Idee, sich daran zu erinnern, dass Freundschaft kein Geschäft ist, bei dem die gemeinsame Bilanz immer ausgeglichen sein muss. Konzentrieren Sie sich weniger darauf, was *Sie* von einem bestimmten Freund als Gegenleistung zurückerhalten. Werfen Sie die Listen, in denen Sie gedanklich pro Freund über alle gegenseitigen Gaben regelmäßig Buch führen, auf den Müll. Freuen Sie sich, wie viel Arbeit Sie Ihrem Verstand dadurch ersparen – und wie Sie Ihren Seelenfrieden leichter beibehalten, wenn Sie von Ihrem inneren Buchhalter keine »Bilanzberichte« mehr vorgelesen bekommen: »Da vermittle ich Alexa diesen super Job, und die hat mich noch nicht mal zum Essen eingeladen!?«

Eine Alternative: Jedes Mal, wenn Sie für einen Freund etwas tun, stellen Sie sich vor, Ihre Gabe in die ganze Welt hinausgeschickt zu haben – und dass Sie die »Gegengabe« vielleicht zu einer ganz anderen Zeit und von einer ganz anderen Person bekommen werden. Möglicherweise haben Sie die Gegenleistung auch schon längst erhalten und können gerade nur nicht den Zusammenhang herstellen. Verinnerlichen Sie diese Einstellung am besten für Ihren Umgang mit allen Menschen um Sie herum – und genießen Sie, wie viel einfacher und besser Sie plötzlich mit der Welt auskommen.

Warum weniger auch in der Partnerschaft mehr ist

Der Partner, der stets verständnisvoll ist, dem immer etwas einfällt – zum Beispiel, was man in der Freizeit machen könnte –, der nie müde oder unattraktiv ist, mit dem man über alles reden kann oder der sogar dem eigenen Leben Sinn und Erfüllung gibt: Ist Ihnen schon einmal aufgefallen, wie viele Glücksansprüche an die Partnerschaft und an den Partner heute auf manch einer Beziehung lasten? Kein Wunder, die Zeiten haben sich einfach radikal geändert. Noch vor gar nicht langer Zeit heiratete man in erster Linie aus Vernunftgründen. Schon mit dem Bewirtschaften des gemeinsamen

Bauernhofs war man so beschäftigt, dass für Selbstverwirklichung und große Ansprüche an das Leben gar keine Zeit blieb.

Heute lassen sich Partnerschaften nicht nur leichter auflösen, sondern sie müssen auch viel mehr Einflüssen standhalten – vor allem, seit sich aus den Medien, der Werbung und dem Film diverse Trugbilder eingeschlichen haben. Wer heute fernsieht oder Zeitschriften liest, sieht an allen Ecken Partner-Prototypen, die es so in der Wirklichkeit gar nicht gibt. Alle sehen umwerfend gut aus, haben stets eine Topfigur und wissen immer eine Lösung. Frauen sind jederzeit perfekt geschminkt und gestylt und kennen Kopfweh nur vom Hörensagen. Männer glänzen mit Einfühlsamkeit, Witz und Charme, hören mit unermüdlicher Aufmerksamkeit zu und müssen nie aufs Klo. Regelmäßiges Futter liefern viele Frauenzeitschriften auch mit Titelgeschichten wie »Der neue Mann 2005 – wie er Sie auf Händen trägt«.

Genauso erzeugt der neue, intensive Kult um die Stars eine Flut an Frauen- und Männerbildern in Hochglanz, die den Blick für die Wirklichkeit vielleicht doch ein wenig trüben können, wenn man sie dank der vielen Fernsehkanäle, Zeitschriften und Internet-News immer wieder vorgesetzt bekommt: »… der XY ist seiner Freundin auch sofort hinterhergeflogen, als sie Ärger mit dem Regisseur hatte!« Und die Erzählungen im Freundes- und Kollegenkreis entfalten auf Dauer eine ähnliche Wirkung: »Sophie hat gestern wieder ein Drei-Gänge-Menü gezaubert, einfach klasse.«

Diese Trugbilder haben wie viele andere die Eigenschaft, dass sie einem oft gar nicht so richtig bewusst werden, obwohl sie häufig einen Teil der wahren Hintergründe für Streitigkeiten und Konflikte ausmachen. Zum Beispiel, wenn man unwillkürlich anfängt, den eigenen Partner mit dem einen oder anderen dieser Idealtypen zu vergleichen.

Dass Partnerschaften heute einer besonders starken Belastung ausgesetzt sind, hängt außerdem mit der zunehmenden Individualisierung der Gesellschaft zusammen, die aus großen Gruppen immer kleinere macht. Noch vor zwei, drei Generationen konnte allein der größere Familienverband viele Ansprüche auffangen, so dass nicht alle auf den Partner zentriert waren. Irgendjemand war immer gerade in Zuhörlaune oder hatte Zeit, sich um ein Problem zu kümmern. Nicht immer schafft der Freundeskreis in Zeiten der Kleinfamilien und der Single-Gesellschaft einen Ausgleich.

Erwarten Sie weniger, bekommen Sie mehr

Haben Sie auch bei sich einige Ansprüche an Ihren Partner bemerkt, die eher durch regelmäßigen Input von außen erzeugt und genährt werden, als dass sie wirklich gerechtfertigt wären? Dann ist es wohl keine schlechte Idee, dieses Anspruchsdenken einmal bewusst auf *less* zu schalten – und schlicht und einfach etwas weniger vom anderen zu erwarten. Dabei geht es nicht um eindeutiges Fehlverhalten oder grundsätzliche Charakterschwächen, sondern um die vielen kleinen Dinge, die man sich vom anderen erhofft. Etwa, dass der andere jeden Abend aufgekocht hat, wenn man abends nach Hause kommt, oder einem problemlos von den Augen abliest, was man gerade möchte. Solche Dinge können sich in einer Partnerschaft zu echten Konfliktherden hochschaukeln, denn Druck erzeugt meist Gegendruck: Je stärker der eine Partner auf seinen Vorstellungen besteht, desto trotziger wird nicht selten der andere.

Hier kann ein wenig Lessness erstaunliche Effekte bewirken. Allein dadurch, dass Sie die eine oder andere Sache gar nicht mehr erwarten und deshalb auch nicht enttäuscht sein können, wenn Sie sie nicht bekommen. So wird Ihre Stimmung gegenüber dem Partner wieder besser. Vielleicht kann Ihr Partner jetzt sogar den Spaß am Kochen entdecken oder tatsächlich besser auf die Signale achten, die Sie aussenden – weil er sich so ganz frei dafür entscheidet. Gut möglich, dass Sie Ihre Beziehung auch wieder mehr genießen können, wenn Sie weniger Wunschbilder im Kopf haben, die Sie daran hindern, das Miteinander einfach so wahrzunehmen, wie es gerade ist. Partnerschaften, auf denen bisher besonders viele gegenseitige Ansprüche lasteten, können auf diese Weise vor Leichtigkeit regelrecht zu »schweben« beginnen.

Bei so manchem Anspruch ist es außerdem eine Überlegung wert, ob er nicht bei einer anderen Adresse besser aufgehoben ist als bei Ihrem Partner. Wie wäre es stattdessen zum Beispiel mit Ihnen selbst? Sie wissen doch am besten, was Ihnen gut tut. Bevor Sie sich darüber ärgern, dass der Partner wieder nichts aufgetischt hat, kochen Sie sich das nächste Mal einfach selbst ein tolles Essen und genießen es gemeinsam. Shoppen Sie sich selbst Ihr Wunschkleid, wenn der andere auch nach dem zehnten Hinweis nichts bemerkt hat, und genießen Sie einfach, es beim gemeinsamen Partybesuch zu tragen. Übernehmen Sie das Organisieren der Treffen mit Freunden, statt sich über Langeweile an den Wochenenden zu beklagen. Wenn der Erwartungsdruck weg ist, bekommt Ihr Partner vielleicht nach einer Weile ganz von allein Lust darauf, sich um Verabredungen zu kümmern.

Eines der Geheimnisse einer guten Partnerschaft

Verbringen Sie sehr viel Zeit mit Ihrem Partner? Haben Sie das Gefühl, dass die eigenen Dinge deshalb bei Ihnen oder Ihrem Partner ein wenig zu kurz kommen? Lassen Sie dem Partner Zeit, die er ohne Sie verbringen kann. Und nehmen Sie sich genauso Zeit für sich selbst, wenn Ihnen danach ist. Niemand sagt, dass die Qualität einer Beziehung allein von der Menge der Zeit abhängt, während der man zusammen ist. Und dass man deshalb möglichst alles gemeinsam machen muss. Ganz im Gegenteil: Hin und wieder eigene Unternehmungen ohne den Partner zu starten, kann wieder mehr Frische in die Partnerschaft bringen. Und vor allem im Urlaub ist es ein gutes Mittel, sich nicht gegenseitig auf die Nerven zu gehen.

Die Traumpartner-Brille

Sie sind noch auf der Suche nach dem passenden Partner? Auch hier machen es sich viele Menschen unnötig schwer. Sie erwarten manchmal einfach zu viel. Kein Wunder, angesichts der vielen Bilder von Traummännern und Traumfrauen, die uns die Medien zeichnen. Eigentlich haben sie uns den Floh vom Traumpartner überhaupt erst so richtig ins Ohr gesetzt. Schon Anfang der 1980er Jahre war es undenkbar, den Namen der amerikanischen Schauspielerin Bo Derek ohne den Zusatz »Traumfrau« zu nennen. Auch heute bebal-lern selbst Teenagerzeitschriften ihre pubertierende Leserschaft mit Geschichten wie »So findest du deinen Traummann« – und stellen damit unausgesprochen die Behauptung in den Raum, dass es ihn tatsächlich gibt: den absolut perfekten Traumpartner ohne Ecken und Macken. Unsere innere Abteilung Optimierung arbeitet fleißig am Mythos mit. Da basteln wir uns dann aus all den Eigenschaften, die wir toll finden, den Idealpartner zusammen. Obwohl wir eigentlich wissen, dass wir diese Qualitäten niemals in einem Menschen vereint finden werden.

Das wäre ja alles halb so schlimm, wenn uns solche Bilder nicht dazu verführten, mit ihnen im Kopf auf die Suche zu gehen. Schon beim ersten Smalltalk auf der Party zücken wir innerlich die Checkliste und machen unsere Häkchen. Dummerweise hindern uns diese Listen am Überlegen, welche Eigenschaften *uns selbst* wichtig sind. In den vorgestanzten Bildern mögen wasserstoffblonde Haare oder ein dickes Bankkonto echte Qualitätsmerkmale sein. Wenn Sie sich davon einmal freimachen, entdecken Sie vielleicht, dass Sie zwar nichts dagegen haben, wenn Ihr potenzieller Partner gut verdient oder blonde Locken trägt, aber dass Sie selbst eigentlich auf ganz andere Eigenschaften Wert legen. Auch wenn Letztere nicht zum allgemeinen Bild des Traummanns oder der Traumfrau passen.

Wem die Unterschiede nie so richtig klar werden, der müht sich mitunter jahrelang von einer Beziehung zur nächsten. Doch richtiges Glück will sich nicht einstellen. Obwohl jeder Partner viele der aktuell »angesagten« Kriterien erfüllt, trennt man sich schnell wieder. Währenddessen verpasst man all die Gelegenheiten, bei denen man einen Partner kennen lernen könnte, der wirklich ganz gut zu einem passt. Dabei hätte es gereicht, nur ein einziges Mal ehrlich zu sich selbst zu sein.

Auch wenn es in Wahrheit nicht ganz so platt abläuft: Machen Sie sich einfach bewusst, welche Rolle bei Ihnen die Äußerlichkeiten spielen, auf die »man« so achten sollte, wenn Sie auf Partnersuche sind. Lassen Sie sich von all den »Must«-Kriterien nicht beirren. Genießen Sie, dass Sie potenzielle Partner viel deutlicher und umfassender wahrnehmen, wenn Sie ohne innere Checkliste zum ersten Date ins Restaurant kommen. Die Dinge, die Ihnen wichtig sind, sind Ihnen im Herzen vermutlich längst bekannt.

(K)ein Ding der Unmöglichkeit: Kinder und Lessness

Haben Sie Kinder? Auch hier können Sie so manchen Lessness-Gedanken verwirklichen – wenn auch nur indirekt. Denn Kinder müssen erst einmal zahlreiche »More-Erfahrungen« machen, also viele Dinge besitzen und ausprobieren. Die meisten können heute gar nicht anders. Der Druck in der Clique und die Power der Werbebotschaften aus den Medien sind einfach zu stark. Wenn Sie es schaffen, in den wenigen Jahren, in denen Sie als Eltern erzieherischen Einfluss haben – von der Geburt bis zum beginnenden Teenager-Alter –, den Konsum Ihrer Kinder in einigermaßen geordneten Bahnen zu halten und das rechte Maß dabei zu finden, haben Sie schon eine Menge erreicht.

Wie die Eltern, so vielleicht einmal die Kinder

Das Wichtigste, was Sie tun können: Seien Sie Ihren Kindern ein gutes Beispiel. Wenn Sie selbst den einen oder anderen Bereich Ihres Lebens auf *less* gestellt haben und Ihren Kindern damit im prägenden ersten Lebensjahrzehnt anschaulich – ohne viele Worte darüber zu verlieren – vorleben, wie man mit bewusst weniger Besitz, weniger Konsum und weniger materiellen und geistigen Wünschen durchaus gut und sogar besser lebt, haben Sie schon viel getan. Sie haben einen wichtigen Beitrag dazu geleistet, dass Ihre Kinder später als Erwachsene vielleicht weniger von Produkten, Konsum und Statussymbolen abhängig sind. Und sich von diversen Lebensmodellen im Sinne eines »Schneller, höher, weiter« nicht so leicht verrückt machen lassen. Vertrauen Sie einfach darauf, dass die Saat, die Sie in den jungen Jahren Ihrer Kinder gestreut haben, mit etwas Glück irgendwann einmal im Erwachsenenalter aufgeht. Selbst wenn es darauf natürlich keine Garantie gibt.

Das Beste, was Eltern ihren Kindern mit auf den Weg geben können, ist, ihnen täglich ein paar Minuten ihrer Zeit zu widmen.
O. A. Battista

Darüber hinaus tun Sie Ihren Kindern mit einem Leben *less* auch direkt etwas Gutes: Eltern, die weniger von Besitz, Wünschen und Verpflichtungen in Anspruch genommen sind, können sich um ihren Nachwuchs einfach besser kümmern. Viele seelische Störungen bei Kindern sind heute nichts anderes als eine Reaktion auf den angespannten Zustand der Eltern, die von lauter Konsumwünschen, von ihrem Karrierestreben oder dem nagenden Gedanken, ob es woanders oder mit jemand anderem nicht noch besser und toller sein könnte, ständig in Beschlag genommen werden.

Ignorieren Sie die »Mein-Kind-kann-schon«-Rennen

Spitze Bemerkungen beim Elternabend wie »Unser Ben kann ja schon das kleine Einmaleins …«? Lassen Sie sich von derlei Leistungsschau nicht irritieren. Denken Sie an Ihre eigene Kindheit: Waren Sie immer der oder die Erste, wenn es darum ging, eine bestimmte Fähigkeit zu beherrschen? Sicher nicht immer. Und trotzdem sind Sie nicht in der Gosse gelandet, sondern haben es zu etwas gebracht.

Taschengeld und Spielsachen

Wenn Sie Ihren Kindern eine erste Vorstellung von der Lessness-Idee vermitteln wollen, können Sie dies zum Beispiel über das Taschengeld erreichen. Halten Sie bei der Höhe Maß. Natürlich sollte es hoch genug sein, damit Ihre Kinder im Freundeskreis zumindest einigermaßen mithalten können. Aber betrachten Sie es nicht als großzügigen Ausgleich für die Zeit, die Ihnen im Umgang mit Ihrem Sohn oder Ihrer Tochter fehlt. Es schadet nicht, wenn Ihre Kinder überlegen müssen, welche Wünsche ihnen weniger wichtig sind als andere. Behalten Sie ebenso den Bestand an Spielsachen im Blick. Viele Kinder horten mehr Spielwaren, als sie jemals »bespielen« können. Wenn Ihr Nachwuchs alt genug ist, können Sie zu regelmäßigen Ausmistaktionen ermuntern. Lassen Sie Ihr Kind alle Dinge aussortieren, die es nicht mehr benutzt und nicht mehr mag. Organisieren Sie dann einen Flohmarktstand oder verkaufen Sie die Sachen für Ihren Sprössling im Internet. So machen Ihre Kinder schon früh die Erfahrung, dass man Besitz nicht zwangsläufig horten muss, sondern jederzeit wieder abgeben und verkaufen kann.

Malen Sie weniger Wunschbilder, wie Ihre Kinder einmal sein sollen

Manche Eltern haben schon vor der Geburt genaue Vorstellungen, wie ihr Kind später sein soll: auf welche Schule es einmal geht, welchen Beruf es ergreift, welche gesellschaftlichen Positionen es einnimmt oder auch welche Wesenszüge einmal dominieren sollen: »Unser Kevin wird einmal ein ganz Taffer ...« Und dann kommt meist doch alles ganz anders. Statt der erhofften Sportskanone wird aus dem Sohn ein nachdenklicher Journalist. Die Tochter studiert nicht Medizin, sondern findet lieber als Inhaberin eines Internetshops ihre Erfüllung. Klar: Sich auszumalen, wie die eigenen Kinder einmal sein werden, ist etwas ganz Natürliches und Wunderschönes. Setzen Sie einfach dort die Grenze, wo das Ganze einen Pflichtcharakter annimmt oder man nur noch ein festes Lebensmodell im Auge hat. Je weniger Wunschbilder Sie verfolgen, wie Ihre Kinder sein sollen, desto freier und einfacher wird das Verhältnis zu Ihrem Nachwuchs sein und auch in Zukunft bleiben. Gleichzeitig fällt es Ihnen leichter, Ihre Kinder wahrzunehmen, wie sie sind, und ihre tatsächlich vorhandenen Talente und Neigungen zu erkennen und zu fördern.

Lassen Sie Ihre Kinder langsam ins Leben starten

Vor ein- bis zweihundert Jahren gab es die ausgedehnte Phase der Kindheit noch gar nicht, wie sie dann ab der zweiten Hälfte des zwanzigsten Jahrhunderts, neben der »Neuerfindung« der Teenagerzeit, allmählich üblich wurde. Inzwischen wird dieses Zeitfenster wieder von Jahrzehnt zu Jahrzehnt kleiner. Setzte noch in den 1960er und -70er Jahren die Teenagerzeit in der Regel im Alter von vierzehn, fünfzehn Jahren ein, endet die Kindheit heute gerade in Großstädten oft schon mit acht oder neun Jahren. Eine Entwicklung, die Eltern kaum beeinflussen können. Freundeskreis, Schule und Medien sorgen von allein für Tempo. Vielleicht gibt es also gar keinen Grund, gegenüber Sohn oder Tochter ein schlechtes Gewissen zu haben, wenn man im außerschulischen Aktivitätenplan neben Klavierunterricht, Debattierclub und dem privaten Englischlehrer bewusst ein paar Lücken für »Kindereien« lässt – zum Beispiel für gemütliches Comiclesen oder einen unverplanten Nachmittag auf dem Fahrrad.

Einfach eine gute Idee: der Bildungsetat

Freiwillige Lessness bei Kindern ist gut, erzwungene hingegen nicht. Vor allem, wenn es um die Ausbildung geht. Eine gute Ausbildung ist eines der wichtigsten geistigen Besitztümer, die Sie Ihren Kindern ermöglichen können. Doch Bildung kostet zusehends mehr, und die Kosten werden in Zukunft vermutlich noch weiter steigen. Schon die monatliche Rate für einen guten Kindergarten macht bei nicht wenigen Müttern und Vätern einen stolzen Teil im Budget aus, so dass sie sich an anderen Stellen spürbar einschränken müssen, wenn sie nicht gerade mit einem satten Gehalt kalkulieren können. Richtig ins Geld kann es gehen, wenn ein Studium oder der Besuch einer privaten Fachschule ansteht.

Legen Sie deshalb am besten so früh wie möglich für jedes Ihrer Kinder einen Bildungsetat an, zum Beispiel ein gut verzinstes Bankkonto. Zahlen Sie regelmäßig darauf ein und bitten Sie auch Familienangehörige und Verwandte darum, statt übermäßiger Geschenke lieber einen Obolus auf dieses Konto zu entrichten. Bereits wenn die Auswahl des Kindergartens ansteht, werden Sie feststellen, wie angenehm es ist, zumindest in finanzieller Hinsicht möglichst frei entscheiden zu können.

Lessness für den Geist

Sich glücklich fühlen zu können,
auch ohne Glück – das ist Glück.
Marie von Ebner-Eschenbach

Selbst wenn Sie nur ein paar Ideen für ein Leben *less* in die Tat umsetzen, werden Sie merken, wie sich Ihr Denken verändert. Viele unnötige Gedanken und Denkweisen verschwinden im Laufe der Zeit oder können Sie weniger belasten. Sie möchten diesen angenehmen Zustand ausbauen? Dann werden Sie sicher auch die folgenden Anregungen für Lessness im Kopf interessieren.

Richten Sie Vorhaben an Ihrem Zeitbudget aus
Vielleicht erleben auch Sie das immer wieder: Es ist Samstag – und auf Sie wartet eine ellenlange Liste an Einkäufen, Besorgungen und kleinen Arbeiten, die Sie erledigen wollen. Sie sind im Urlaub – und möchten gleichzeitig vier Romane lesen, einen Tauchkurs machen, alle Sehenswürdigkeiten bestaunen und abends richtig was erleben. Sie ziehen um – und setzen sich als Ziel, schon nach zwei Tagen in einer picobello eingerichteten Wohnung zu sitzen. Nur eins passt oft nicht dazu: die Zeit, die Ihnen dafür zur Verfügung steht. Das Ergebnis ist oft genug purer Stress. Die Lessness-Alternative: Machen Sie nicht die Anzahl Ihrer Aufgaben zum Maßstab, sondern einen festen Zeitraum, den Sie sich dafür geben. Alle Einkäufe, die nach drei Stunden nicht geschafft sind, erledigen Sie ein anderes Mal, beauftragen jemand anderen damit – oder prüfen, ob Sie die Sachen auch wirklich brauchen. So beugen Sie vor, dass eine Sache irgendwann zu sehr ausufert. Oft genug werden Sie mit dieser Methode erkennen, dass Sie ein nur zu neunzig Prozent erfüllter Plan

genauso zufrieden stimmt. Und Sie die Früchte Ihrer Arbeit oder Ihre Freizeit dafür umso mehr genießen können.

Entdecken Sie neue Wege, mit Frust umzugehen

Was machen Sie eigentlich, wenn Sie frustriert sind: Ziehen Sie wild shoppend durch die Boutiquen? Veranstalten Sie eine Süßigkeitenorgie? Heizen Sie mit hundertachtzig über die Autobahn? Oder setzen Sie auf die Wirkung von Alkohol und Zigaretten? Ohne dass wir es immer bemerken, betreiben wir beim Abreagieren unserer Frustrationen manchmal einen unverhältnismäßig großen Aufwand. Gleichzeitig nehmen wir Folgen in Kauf, die es irgendwann doch einmal in sich haben können. Dabei geht es auch einfacher, billiger und folgenloser. Einer der effektivsten und preiswertesten Sorgenbrecher: körperliche Bewegung. Schon ein Spaziergang oder eine Radtour hilft, angestauten Frust zu entladen. Beachten Sie dabei nur eins: Tun Sie es lange genug. Wenn Sie nur schnell um den Block ziehen, sind Sie danach wahrscheinlich immer noch verstimmt. Die magische Grenze liegt bei etwa einer bis eineinhalb Stunden. Erst dann setzt die frustableitende Wirkung so richtig ein. Wenn Sie eine Stunde oder länger durch die Gegend spazieren oder radeln, werden Sie merken, dass sich Ihre Stimmung deutlich bessert.

Wenn Sie abends angespannt von der Arbeit nach Hause kommen und keine ganze Stunde erübrigen können, nehmen Sie sich die Zeit für eine Runde Joggen. Das schafft zumindest einen kleinen Ausgleich. Und selbst wenn Sie im Büro der große Ärger packt, können Sie immer noch die Treppen vom Erdgeschoss bis in den sechsten Stock einmal hinaufsprinten. Wie Sie es auch anpacken: Sie werden feststellen, dass Bewegung ein gutes Mittel ist, um Frustrationen wieder abzubauen. Im Vergleich zu heftigem Shopping oder übermäßigem Trinken ist es zudem äußerst kostengünstig – und tut auch Ihrer Gesundheit gut.

Darüber hinaus sollten Sie sich einmal mit dem Gedanken beschäftigen, *weshalb* Sie sich wegen einer Sache ärgern oder sich daran aufreiben. Fast immer hat es damit zu tun, unter welchem Blickwinkel wir eine bestimmte Situation gerade betrachten. Und nicht damit, wie sie einfach ist. In Wahrheit ist es nicht an und für sich schon ärgerlich, dass es regnet. Es regnet einfach. Ärgerlich wird es erst in Ihrem Kopf, wenn Sie den Regen als Ärgernis interpretieren. Beobachten Sie häufiger im Alltag, was Sie ärgert und frustriert. Sie werden sehen: Ein großer Teil unseres Ärgers beruht darauf, dass die anderen Menschen und die Dinge nicht so sind, wie wir sie gerade haben möchten.

Fahren Sie das Beurteilen zurück

Lessness kann auch bedeuten, nicht immer gleich alles, was man sieht und erlebt, zu beurteilen. Negativ: »Igitt, eine Schlange!« Und auch positiv: »Der See sah so malerisch aus.« Zugegeben: ein Vorsatz, der alles andere als einfach ist – und der sich auch nicht von einem Tag auf den anderen in die Tat umsetzen lässt. Im Gegenteil: Es kann Monate oder Jahre dauern, eine tief sitzende Angewohnheit wie das unwillkürliche Beurteilen von Situationen zurückzufahren. Schließlich tut es fast jeder von uns. Wir haben es ja schon in der Kindheit gelernt: Sonnenschein ist hui, Regentropfen sind pfui.

Vielleicht versuchen Sie es trotzdem einmal mit diesem Gedanken. Denn gerade hier ist weniger nicht nur mehr, sondern erhöht auch Ihren Lebensgenuss. Weniger Urteilen, egal ob in Gedanken oder laut ausgesprochen, bewahrt Sie zum Beispiel vor viel nutzloser innerer Aufregung. Ob man im Restaurant Ihre Tischreservierung vergessen hat und Sie deshalb keinen Platz bekommen oder ob Ihnen die neue Kollegin nicht geheuer ist, weil sie in Ihren Augen ein viel zu schrilles Outfit trägt: Ziehen Sie dem inneren Roboter, der programmgemäß seinen Kommentar abgibt, öfter mal den Stecker raus. Allein weil vieles ohnehin anders kommt, als man denkt. Dank der verpatzten Reservierung erkunden Sie vielleicht endlich einmal ein neues Lokal; die neue Kollegin entpuppt sich als überraschend angenehme Gesprächspartnerin und wird im Laufe der Zeit eine Ihrer besten Freundinnen.

Wenn Sie in solchen Momenten sehr bewusst vorgehen, werden Sie auch merken, dass Ihnen etwas anderes plötzlich viel leichter fällt, sobald der innere Kommentator die Klappe hält: Sie nehmen das, was *tatsächlich* geschieht, viel intensiver wahr. Sie hauen zum Beispiel nicht mehr sofort auf die Hupe, wenn beim Auto vor Ihnen unvermutet die Bremslichter aufleuchten. Denn statt die Situation gleich zu beurteilen (»Der Idiot bremst mich aus«), nehmen Sie erst einmal wahr, was los ist: ob Sie eine Fahrschule vor sich haben, ob der Fahrer vor Ihnen aus einer anderen Stadt kommt und Sie gleich nach dem Weg fragen möchte oder ob wirklich eine Schlafmütze vor Ihnen herzockelt, so dass ein Hupen zum Aufwecken nicht schadet.

Es ärgert Sie auch nicht mehr von vornherein, wenn sich ein Kollege, den Sie lange nicht mehr gesehen haben und den Sie nicht leiden können, in der Kantine plötzlich neben Sie setzt. Stattdessen erkennen Sie vielleicht, wie sehr er sich inzwischen zum Positiven verändert hat. Oder dass Sie vor lauter schnellen Urteilen wie »Der hat so eine kieksige Stimme!« viele andere Seiten an ihm bisher nie entdeckt hatten.

Auch in Situationen, die in Ihrer Beurteilung positiv sind, erkennen Sie besser, was wirklich vor sich geht, wenn Sie dem Kommentator in Ihnen, der immer gleich sagen will, wie schön das doch alles hier ist, eine Auszeit verordnen. Vielleicht erkennen Sie dann plötzlich, dass andere Menschen Ihre Erfolgsgeschichten nur Ihnen zuliebe immer wieder anhören, obwohl ihnen die Storys in Wahrheit jedes Mal auf den Geist gehen. Dabei hätten Sie es gar nicht nötig, auf diese Weise Aufmerksamkeit zu erzeugen. Weil die anderen Sie auch ohne all die Berichte gern mögen.

Weniger Grübeln wird Ihnen niemand verübeln

Haben Sie sich schon einmal bewusst gemacht, über welche Dinge Sie sich jeden Tag den Kopf zerbrechen? Vermutlich geht es Ihnen genauso wie den allermeisten Menschen: Es sind immer dieselben Themen! Wie eine Schallplatte, die hängen geblieben ist, beginnt mit jedem Morgen die neue, gleiche Leier. Wie man die nächste Karrierestufe schaffen wird, ob das liebe Geld wohl reicht, was aus den Kindern einmal werden soll, der immer gleiche Ärger mit dem Nachbarn oder dem Arbeitskollegen etc. Kein Wunder, dass viele dieser Grübeleien, die regelrechte innere Streitgespräche sein können, mit der Zeit sogar ganz von selbst ablaufen, spätestens sobald das Gehirn einmal nichts zu tun hat. Verrückterweise bemerkt man dies manchmal gar nicht mehr. Irgendwann wundern Sie sich, warum Sie eigentlich ständig gereizt sind. Oder jemand anders fragt Sie, weshalb Sie so schlecht gelaunt sind, obwohl doch äußerlich alles in Ordnung ist.

Keine Frage: Weniger Grübeleien sind mehr. Der erste Schritt: Machen Sie sich Ihre »Stammgrübeleien« bewusst. Also die Themen, die mit schöner Regelmäßigkeit dran sind. Oft merkt man einfach nicht, wie sehr einen bestimmte Gedanken beschäftigen. Zum Beispiel, wie Sie sich täglich immer wieder über den gleichen Arbeitskollegen ärgern: »Der ist einfach nur faul, während ich mir hier einen abrackere!« Haben Sie solche Dauerbrenner erkannt, wird es Ihnen leichter fallen, jedes neue Aufwallen der Grübeleien schon beim ersten Ansatz einzudämmen. Und festzustellen, wie lachhaft es ist, sich davon die Stimmung trüben zu lassen, während Sie im Straßencafé sitzen und eigentlich genüsslich Zeitung lesen könnten.

Gerade wenn Sie häufiger zu derartigen Grübeleien neigen, kann es ein unglaublicher Genuss sein, eines Tages festzustellen, dass beim Zähneputzen, Autofahren oder vor dem Einschlafen nicht mehr das übliche Programm im Kopf losgeht. Genießen Sie, wie so manches Problem allein auf diese Weise wesentlich leichter wird. Weil es einfach nicht mehr so viel Raum in Ihren Gedanken einnimmt.

Seien Sie weniger perfekt

Lessness kann auch bedeuten, sich einmal die Bereiche im Leben anzuschauen, in denen Sie zu übertriebenem Perfektionismus neigen. Und da werden wir vielleicht alle irgendwo fündig. Zum Beispiel bei unserer fixen Idee vom muskulösen Waschbrettbauch und der gertenschlanken Modelfigur, die dazu führt, dass wir uns über kleinere Gewichtsabnahmen und Muskelzuwächse kaum mehr freuen. Auch wenn sie, im Verhältnis gesehen, mindestens ebenso beachtlich sind. Andere messen sich am Bild des perfekten Gastgebers und Chefkochs in Personalunion – und schaffen es vor lauter Action zwischen Buttersauce-Rühren und Rotwein-Dekantieren kaum mehr, mit ihren Gästen ein richtiges Gespräch zu führen. Obwohl Letzteres genau der Grund war, weswegen man sich wieder einmal treffen wollte. Besonders anfällig für ungesunden Perfektionismus sind die Mutter- oder Vaterrolle, der eigene Beruf oder das Bild, das man von sich selbst hat.

Erkennen Sie auch bei sich ein übertriebenes Ideal, an dem Sie sich messen? Vielleicht ist es Zeit, die Sache etwas entspannter zu betrachten. Und sich über die Vorteile dieser Sichtweise zu freuen.

Denn je weniger perfektionistisch Ihre Ziele und Vorhaben sind, umso mehr können Sie das genießen, was Sie bereits erreicht haben. Außerdem sparen Sie sich Ihre Kräfte für Wichtigeres auf. Denn bei perfektionistischen Ansprüchen übersteigt der erforderliche Energieaufwand meist den Wert des Erreichten. Wo Sie mühelos bis auf einen Millimeter Abstand ins Schwarze trafen, brauchen Sie für das Ausmerzen dieser letzten minimalen Abweichung gleich eine mehrere tausend Euro teure Präzisionsausrüstung. Um weitere zwei Kilo abzunehmen, was Sie vielleicht gar nicht mehr nötig haben, müssen Sie sich regelrecht kasteien. Anstelle von drei Gängen gleich fünf zuzubereiten, kann aus einer gemütlichen Kocherei einen anstrengenden Job machen.

Die Enttäuschung, wenn etwas dann doch nicht so reibungslos läuft, wie man wollte, ist beim Perfektionisten natürlich besonders groß. Wer seine Gäste immer mit einem tadellosen Menü bewirten will, sitzt für den Rest des Abends da wie drei Tage Regenwetter, wenn zwei Gerichte mal nicht so ganz gelungen sind. Obwohl sich die anderen trotzdem gut amüsieren. Wer sich für einen stets moralisch handelnden oder durch und durch einfühlsamen Menschen hält, ist maßlos von sich enttäuscht, wenn er gegenüber einem anderen dann doch einmal unfair oder trampelhaft war. Obwohl Ausrutscher immer menschlich sind.

Stellen Sie perfektionistische Ansprüche einfach auf *less*. Natürlich kann eine perfekte Leistung auch Spaß machen. Streben Sie diese aber nur in den Bereichen an, in denen Ihre wirklichen Talente liegen und in denen Ihnen ein guter Wurf deshalb relativ einfach gelingt.

Legen Sie bei anderen Dingen die Meßlatte ruhig auch einmal etwas tiefer. Es lebt sich meist genauso gut, wenn Sie in der Partnerschaft, im Beruf, bei einem Hobby oder im Sport einfach »nur« gut statt sehr gut sind. Diese »Leistungsstufe« reicht völlig aus, damit Sie sich über gute Ergebnisse freuen können und auch genügend Selbstwertgefühl aus der Sache ziehen. Außerdem macht es Sie sympathischer, wenn Ihre Mitmenschen sehen, dass auch Sie nicht immer alles perfekt hinkriegen.

Nachwort

Nur in einem ruhigen Teich
spiegelt sich das Licht der Sterne.
Chinesisches Sprichwort

Sie haben es geschafft. Sie leben *less*. Und das fühlt sich wirklich gut an. Sie sind ruhiger und ausgeglichener – allein schon weil sich um Sie herum weniger Gegenstände sammeln, um die Sie sich kümmern müssen. Sie genießen die Erfahrung, dass Sie viel weniger brauchen, als Sie einmal dachten. Es geht Ihnen auch so gut. Ja, eigentlich besser denn je.

Deshalb haben Sie auch wieder mehr Geld in der Tasche. Zumindest kommen Sie mit Ihrem Einkommen besser über die Runden. Weil Sie viel ausgewählter konsumieren. Manche Dinge wollen Sie heute gar nicht mehr. Bei anderen leisten Sie sich dafür umso bessere Qualität.

Ihr Selbstvertrauen ist gestiegen. Denn Sie bestimmen nun selbst, was Ihnen wichtig ist und was nicht. Einflüsse von außen können Sie viel weniger verunsichern. Auch Ihre innere Stimme setzt Sie nicht mehr so leicht unter Druck. Sie haben sich von einer großen Denkfalle befreit: dem Gedanken, dass mehr *automatisch* besser ist. Dank dieses Buches haben Sie vielleicht zum ersten Mal nach langer Zeit wieder innegehalten. Sie haben nachgefragt: Stimmt das wirklich? Das war Ihr erster Schritt in eine ganz neue Freiheit. Heute wissen Sie, wie viel leichter das Leben mit dem Bewusstsein ist, dass Sie in Wahrheit immer die Wahl haben. Sie können sich immer auch für ein Weniger entscheiden. Und sind häufig viel glücklicher damit.

Vor allem wenn Sie früher viele Besitztümer und zahlreiche Wünsche hatten, spüren Sie außerdem eine ungeahnte Erleichterung. Sie merken, dass Sie wieder Herr über Ihre Dinge und Ihre Wunschvorstellungen sind und nicht umgekehrt. Deshalb verfügen Sie wieder über freie Kapazitäten. Sie haben mehr Zeit. Sie beobachten aufmerksamer, was um Sie herum passiert. Sie schauen genauer hin, verstehen besser, erkennen mehr. Einfach weil in Ihrem Umfeld und Ihrem Kopf viel weniger Ablenkung ist. Vielleicht haben Sie nie geahnt, welch stilles Gefühl von Freiheit Sie damit genießen würden. Man könnte auch sagen, Sie leben wieder mehr.

Mit Menschen und Situationen gehen Sie anders um – und auch mit Ihnen selbst. Entspannter, unaufgeregter. Ihre Ausstrahlung ist dadurch viel positiver. Sie wundern sich immer seltener, wenn man Sie darauf anspricht, sondern freuen sich einfach im Stillen. Jetzt fragen Sie sich höchstens noch, warum Sie nicht schon viel früher jemand auf die Idee gebracht hat, Ihr Leben einmal nach der Devise »Weniger ist mehr« umzukrempeln …

Register

Literatur

Asfa-Wossen Asserate, Manieren. Frankfurt am Main 2003
Jörg Blech, Die Krankheitserfinder. Wie wir zu Patienten gemacht werden. Frankfurt am Main 2003
Douglas Coupland, Generation X. Geschichten für eine immer schneller werdende Kultur. München 1994.
Balthasar Gracian, Handorakel und Kunst der Weltklugheit. Stuttgart 1992
Stefan Klein, Die Glücksformel. Reinbek bei Hamburg 2003
Gerhard Leibold, Fasten. München 2003
Dietrich Schwanitz, Bildung. Alles, was man wissen muss. München 2002

Danksagung

Ich danke: meinem Schöpfer für die vielen Erfahrungen, die ich machen durfte; meinen Eltern für die Liebe, die sie mir gaben, die Werte, die sie mir vermittelten, und die Freiheiten, die sie mir ließen; Stephanie Bollweg und Maya Kaly für ihre bestärkenden Worte, als ich begann, mich mit der Idee für dieses Buch zu beschäftigen; Alexander Homeyer und Siddarath Lugani, mit denen ich viele Lessness-Ideen besprechen konnte; meiner Agentin Lianne Kolf und Tatjana Seel für ihren unerschütterlichen Glauben an dieses Projekt; Gudrun Jänisch, die meinem Werk innerhalb des Verlags den Weg bahnte; meiner Lektorin Vera Milde für ihren großen Einsatz und ihre vielen guten Einfälle, die nochmals sehr zum Gelingen dieses Buches beitrugen; und Manina – für ihre stete Bereitschaft, mir zuzuhören, ihren Glauben an mich und ihre Liebe.